한국의 전통 사회

# 운송 기구

한국의 전통 사회

# 운송 기구

최 운 식 지음

## 우리 문화의 뿌리를 찾아서를 펴내며

한국의 전통 문화를 세계화하고자 하는 의도에서 기획된 '우리 문화의 뿌리를 찾아서' 시리즈는 우리 문화의 독특함과 보편성을 다양한 분야에서 연구한 성과들을 국내외에 소개함으로써 세계 속에서 한국 문화의 위상과 학문적 경쟁력을 높이는 데에 그 목적이 있다.

한글과 영어로 발간되는 이 시리즈는 지나치게 학술적인 경향이나 단순한 안내서의 수준을 지양하고 한국의 전통 문화를 이루는 근간을 다양한 사진 자료를 통해 세부적으로 집중 조명해 봄으로써 우리 문화를 폭넓고 깊이 있게 이해할 수 있도록 하는 데에 그 특징이 있다.

이 시리즈는 또한 현대 문명이 유발한 문제점들을 치유하는 대안이 한국의 전통 문화의 본질 속에 들어 있다는 것을 깨닫게 함으로써 세계인들이 한국 문화의 우수성을 올바로 이해하는 데에 크게 기여할 것이다.

2007년 1월

이화여자대학교출판부

## 책머리에

과거 우리의 생활 주변에서 볼 수 있었던 수저, 요강, 토시, 지게, 초헌, 달구지 등은 매우 독창적이고 특수한 유산 중 하나이다. 그러나 그동안 여러 번의 전쟁과 식민지 지배를 겪으면서 이들 유산은 대부분 폐기되거나 유실되었다. 최근에는 도시화로 인한 인구의 대이동, 그리고 경제 성장에 따른 소득 증가로 주거 양식이 초가집에서 슬레이트 가옥으로, 그리고 단독 가옥에서 아파트로 바뀌면서 조상들이 쓰던 물건들을 버릴 수밖에 없었다. 그러면서 우리는 조상 대대로 간직해 오던 전통과 관습까지도 모조리 폐기했다. 하지만 이러한 유물이나 유산은 자라나는 세대들을 위하여 반드시 보존되어야 한다. 최근 지자체에서 속속 박물관들을 만들고 있는데 늦은 감이 있긴 해도 다행스러운 일이다.

우리나라의 운송 기구에 대한 연구는 다른 분야도 그렇지만 자료가 대부분 유실되어 이들을 수집하고 정리하는 데 어려움이 많다. 운송 기구에 관한 연구는 삼국 시대 이전부터 다루어야 하나 고려 시대에 쓰던 견여 · 전차 · 곡차 등은 그것이 어떤 모양인지, 어떻게 썼는지를 기록한 문서들이 거의 없는 관계로 본 서에서는 조선 시대부터 일제 강점기를 거쳐 2000년까지로 연구 범위를 한정했다.

본 서는 모두 3장으로 구성했다. 1장은 인간의 육체를 이용하여 물건을 나르는 담부 교통을 다루었다. 유년 시절을 농촌에서 보냈던 기억을 되살려 경기도 일대의 농촌 주민을 상대로 자료를 수집하고 나머지는 박물관 자료로 보충했다. 2장의 축력 교통은 1950년대의 자료가 없어 자료를 정리하는 데 어려움이 많았다. 더구나 축력용 운송 기구는 규모가 커서 일반 박물관에서도 보관하지 않아 자료 확보가 쉽지 않았다. 3장의 근대 교통은 일제 강점기에 출판된 도서를 중심으로 정리했는데 비교적 자료가 많을 것으로 생각했으나 그렇지 못하여 조금 실망했다.

서구 사회가 장시간에 걸쳐 경험한 근대화를 우리는 너무나 짧은 시간에 경험했다. 이로 인해 우리들의 유산이 빨리 없어지고 있는데 이들의 발전 과정을 기록해두어야 할 필요가 있어 오래전부터 사진 자료를 수집하고 있었다. 아쉽게도 여러 번의 이사로 많은 자료가 없어지긴 했지만 이것이라도 발표해야겠다는 욕심으로 '우리 문화의 뿌리를 찾아서' 시리즈 기획에 동참하게 되었다. 이화여자대학교 출판부의 아이디어와 열정에 감사를 드린다. 그리고 자료 수집과 사진 정리에 수고했던 이기정, 이정은 양에게도 감사를 드린다.

2007. 2.

지은이

차례

한국의 전통 사회 운송 기구

## Ⅱ. 축력 교통

## Ⅲ. 근대 교통

# I. 담부 교통

우리나라에 남부여대(男負女戴)라는 말이 있다. 남자는 물건을 지고 여자는 물건을 이고 간다는 뜻인데, 이것이 바로 담부 교통을 의미한다. 담부 교통은 가장 원시적인 운송 수단의 하나로, 인간의 육체를 이용하여 물건이나 사람을 운반하는 것을 말한다. 담부 교통은 자연환경, 문화. 경제, 과학기술의 발달 정도에 따라 형태와 기능이 다르다.

우물가 김홍도, 국립중앙박물관 소장

# 1. 화물용 운반 기구

전통 사회에서의 운송 수단은 담부 교통이 주류를 이루고 있다. 우리나라에서 볼 수 있는 가장 원시적인 담부 교통은 손에 들고 다니거나 머리에 이거나 등에 지는 것이다. 현재도 마찬가지지만 과거에는 물건을 나르는 방법이 남녀별로 차이가 있었다. 남자는 대부분 물건을 등에 지거나 어깨에 메고 다녔고, 여자는 머리에 이고 다녔다.

## 단순한 운반 용구

물건을 나르는 데에는 물건의 종류에 따라 보조 기구가 필요하다. 곡물과 같은 것을 운반할 때는 보조 기구로 보자기나 부대를, 약초나 물을 운반할 때는 망태기나 항아리를 이용했다. 바람이 세거나 경사가 급한 곳에서는 머리보다는 등에 지는 경우가 많은데 제주도에서는 허벅이라는 바구니에 어린아이나 물을 담아 등에 지고 다녔다. 그러나 부피가 크거나 무게가 무거운 것은 두 명 이상이 힘을 합쳐 날랐다.

**꼴망태** 농협중앙회 농업박물관 소장

**주루막** 인제산촌민속박물관 소장

인구가 늘고 경제가 발달하면서 인간과 물건의 이동 거리가 길어졌다. 그래서 인간은 보다 쉬운 방법으로 물건을 운반할 수 있는 기구를 만들어내기 시작했다. 농업 국가인 우리나라에서는 곡물을 수확한 후 이를 운반할 수 있는 그릇이나 파종기에 씨앗을 담을 수 있는 기구를 고안했는데, 그중에서 대표적인 것이 망태기, 바구니, 다래끼, 종다리 등이다.

**망태기**는 가는 새끼나 노를 엮어 만든 그릇으로 물건을 담아 어깨에 메거나 등에 지고 다닐 때 쓰인다. 지금의 여행용 가방과 같은 것으로 밭이나 논에 갈 때는 낫이나 호미를 넣고 다니고 시장에 갈 때는 장바구니로 이용했다. 망태기는 담는 물건의 종류에 따라 명칭과 형태가 다르다. 소의 먹이가 되는 꼴(풀)을 담는 것은 꼴망태라 부르고 씨앗을 담는 것은 씨앗 망태라고 부르는데 씨앗 망태는 꼴망태에 비하여 크기가 조금 작다. 그리고 섶나무를 담는 것은 나무 망태라고 부르는데 셋 중에서 크기가 제일 크다.

꼴망태와 크기와 쓰임새가 비슷한 것으로 **주루막**이 있다. 이것은 산에서 약초를 캐는 데 쓰였는데 입구를 조일 수 있다는 점이 꼴망태와 다르다. 주루막은 피나무 껍질 · 볏짚 · 싸리 등으로 만들며 동해안 일부에서는 홀치기라고도 한다.

**다래끼**는 곡식이나 채소 따위를 담아 머리에 이고 다니거나 등에 지고 다니는 데 쓰인다. 대나무 · 싸리 · 버들 등으로 만들어지며 바닥이 넓은 게 특징이다. 전라도 지방에서는 멜빵이 달린 큰 바구니를 나무 다래끼라고 부르는데 나무를 할 때 주로 쓰였다. 또한 씨앗을 담는 다래끼는 종다래끼라고 하며, 여기에 멜빵을 달아 쓰기도 했다.

**바구니**는 대나무나 싸리를 쪼개어 둥글게 엮어 만든 그릇으로 광주리에 비해 바닥이 좁다. 지방에 따라 보구미, 보구리 등으로 부른다. 바구니는 담는 물건의 종류에 따라 부르는 이름이 다른데, 꽃을 담았을 때는 꽃바구니, 과일을 담았을 때는 과일바구니 등으로 부른다. 특히 꽃바구니 중에 봄에 처녀들이 나물을 캐러 갈 때 쓰는 바구니는 크기가 작으며 바구니를 만들 때 물들인 쳇가지로 무늬를 넣었다. 제주도에는 크기가 크고 바닥이 넓은 바구니가 있는데 이를 구덕이라고 부른다.

**광주리**는 싸리 · 새 등을 이용하여 만든 그릇으로 음식이나 농작물을 나르는 데 쓰였다. 바닥이 넓고 평평하여 여자들이 물건을 담아 머리에 이거나 지게에 얹어 다녔다. 농촌 지역에서 새참 음식을 나르는 데 자주 쓰였고, 곡식이나 음식을 말리는 데에도 이용되었다. 음식이나 농작물을 나르는 데 쓰인 것으로는 **소쿠리**도 있다. 소쿠리는 대나무 껍질을 쪼개어 엮어 만든 그릇으로 둥글고 입구 둘레에는 둥근 테가 있어 손으로 잡기에 편하게 만들었다.

**목도**는 대나무 양끝에 바구니를 달고 그곳에 물건을 담아 한쪽 어깨로 물건을 나르는 기구로, 주로 가까운 거리를 운반할 때 쓰였다. 목도는 염전에서 소금을 나르는 데, 공사장에서 공구나 흙 같은

다래끼 인제산촌민속박물관 소장

광주리 두루뫼박물관 소장

소쿠리 두루뫼박물관 소장

목도 군자염전, 1980년대

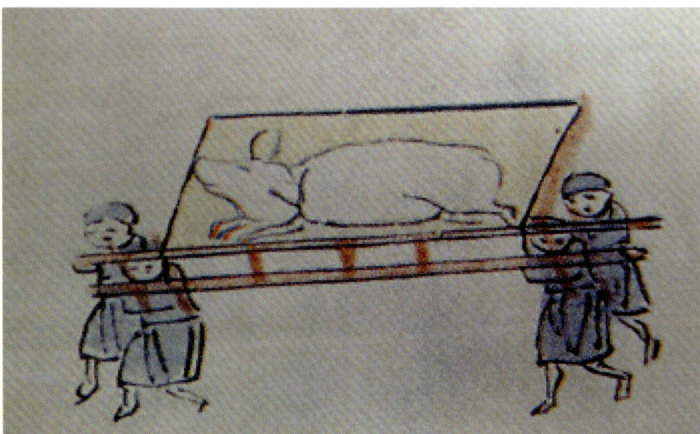

가자 『영접도감 사제청의궤』 천사반차도

건축 자재를 나르는 데에도 이용되었다. 그리고 오래전 서울의 일부 지역에서는 떡장수가 목도를 이용하여 찹쌀떡을 팔고 다닌 일도 있었다. 서울에는 6 · 25전쟁 이후 갑자기 많은 인구가 집중되면서 넘쳐나는 인분을 처리하기 위해 인분 달구지가 등장했는데 가정에서 달구지까지 인분을 나르는 데 목도가 이용되기도 했다.

생활이 발전하면서 점점 화물의 부피가 커지고 무게도 늘어 물건을 혼자 나르기가 매우 힘들어졌다. 또한 귀중품과 같이 도난의 위험이 있는 경우 이를 예방하기 위해 둘이서 물건을 나르는 기구가 고안되었는데 대표적인 것이 들것과 가자이다.

**들것**은 나뭇가지 두 개를 나란히 놓고 그 가운데에 가마니 쪽을 달고 그 속에 물건을 담아 나무 양쪽에서 한 사람씩 두 사람이 나뭇가지를 잡고 물건을 나르는 것을 말한다. 농촌에서 흙이나 거름을 옮기는 데 쓰였다.

**가자**는 나뭇가지 두 개를 나란히 놓고 그 가운데에 나무통을 달고 그곳에 물건을 담은 후 나뭇가지 양쪽에서 각각 한 사람씩 나뭇가지를 잡고 물건을 나르는 것을 말한다. 가자는 곡물이나 과일을 옮기는 데 쓰였는데, 특히 과거 왕실에서 큰 행사가 있을 때 음식을 나르는 데 쓰였다.

**독장수** 권용정, 국립중앙박물관 소장

## 지게

인구가 늘고 사회가 발전하면서 생산지와 소비지가 분리되기 시작했다. 그리하여 재화와 인간의 이동 거리가 길어져 보다 편리한 운반 기구가 필요해짐에 따라 등장한 것이 지게이다. 지게는 삼국시대부터 우리 생활에 이용되었는데 처음에는 지가(支架)로 불리다가 후에 지게로 바뀌었다.

### 지게의 구조

지게는 가지가 위로 뻗은 나뭇가지 두 개를 위쪽은 좁게 아래쪽은 넓게 세워놓고 양쪽 나무에 4~6개의 구멍을 파고 이곳에 나무나 송판을 끼워 나무를 고정시키고 어깨에 맞게 멜빵을 달고 등받이에는 짚이나 부드러운 천을 달아 사람의 등을 보호하도록 했다. 지게는 몸통인 등태와 세장, 머리인 세고자리, 다리인 통발, 그리고 가지로 구성된다.

지게의 소재로는 참나무 · 소나무 · 참죽나무 등과 같이 주변에서 쉽게 얻을 수 있는 나무가 이용되나 제주도와 같이 참나무나 소나무가 적은 지역에서는 녹나무나 삼나무를 쓰기도 한다. 그리고 세장은 지게 자체의 힘을 받는 부분이므로 박달나무나 밤나무와 같이 단단한 것이 이용된다.

지게는 지형적 특징에 따라 모양이 다른데, 산간 지대에서는 물건을 질 때 미끄러지지 않게 하고 넘어졌을 때 사고를 방지하기 위해 지게의 다리를 짧게 하여 무게중심을 어깨에 두도록 했고, 평야

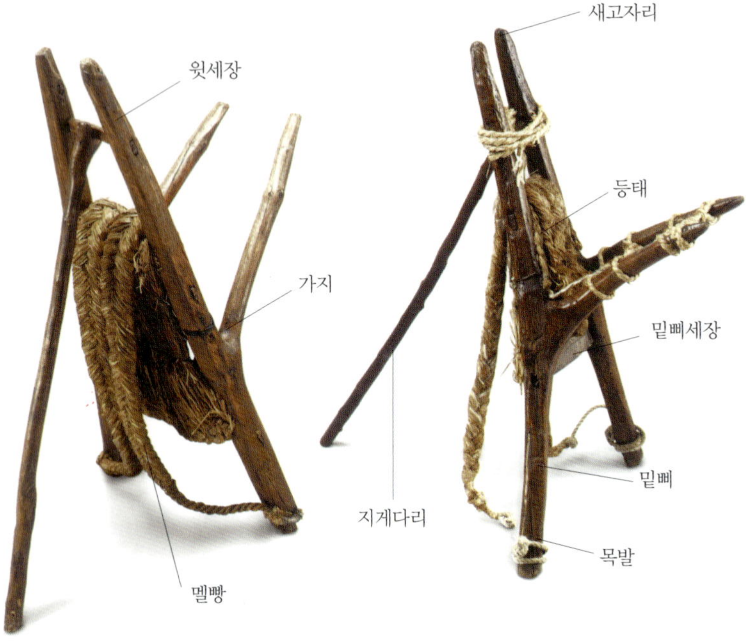


지게의 구조와 명칭

지대에서는 지게 다리를 길게 하여 무게중심을 엉덩이에 두도록 했다. 또한 지게의 길이와 작대기의 길이는 사람의 키에 맞도록 만들어졌으며 지게 끈은 사람의 몸 크기와 형태에 맞추어 상하로 조절할 수 있도록 만들어졌다.

### 지게의 종류

지게는 종류가 다양하다. 일반적으로 우리가 쉽게 볼 수 있는 지게로 **제가지 지게**가 있는데, 가지가 자연스럽게 곧게 뻗어나간 나무를 재료로 썼다고 하여 붙인 이름이다. 이러한 지게는 평야 지대에서 주로 쓰였다. 이것과 반대되는 지게로 **켠지게**가 있는데, 지겟감을 톱으로 켜서 만든 지게라는 뜻을 가지고 있다. 일반적으로 지겟감이 풍부하지 않은 도시 지역에서 이용했는데 가볍고 모양이 아름다우나 가지가 약하여 무거운 물건을 나르기가 어렵다는 것이 흠이다.

**옥지게**는 가지의 중간 부분이 구부러진 지게를 말하는데 주로 강원도 산간 지역에서 사용했다. 비탈길을 올라가거나 내려올 때 지게 위의 나무나 풀이 떨어지지 않도록 하기 위하여 가지를 구부렸다. 옥지게는 대개 단단한 참나무로 만들었다.

**쪽지게**는 주로 섬이나 해안가에서 해물을 나르는 데 쓰던 지게로, 가볍고 작은 것이 특징이다. 지게의 가지와 몸통의 각도가 작거나 또는 몸통과 가지의 각도가 90도를 유지하도록 만들어졌다. 쪽

옥지게 삼척시립박물관 소장

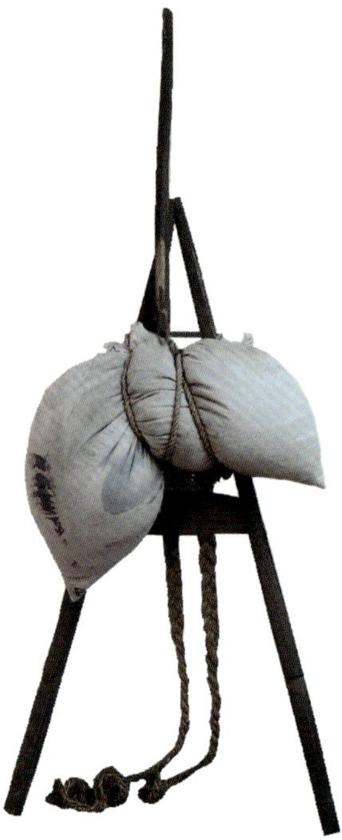

바지게 인제산촌민속박물관 소장

지게는 종류가 다양하다. 공사장에서 돌을 나르던 쪽지게는 돌쪽지게라고 부르는데, 잠깐 쓰다 버릴 수 있도록 아주 단순하게 만들어졌다. 이 밖에 두구멍 지게도 쪽지게의 일종으로, 지게 몸에 가지를 낄 수 있는 구멍을 두 개 만들어 싣는 물건의 종류에 따라 가지를 위아래로 끼워넣는 지게를 말한다.

**바지게**는 강원도와 경상북도 해안가에서 내륙 지방에 해산물을 팔러 다닌 사람들이 쓰던 지게로 가지가 없는 것이 특징이다. 보통 지게보다 몸통의 길이가 길며 작대기에는 노치를 달아 겨울에 미끄럼을 방지하거나 쉴 때는 노치를 세장에 걸 수 있도록 했다. 물건은 세고자리에 달고 다녔으며 지게의 소재로는 피나무를 썼다.

인구 증가로 식량에 대한 수요가 늘자 식량 생산을 늘리기 위한 여러 가지 방법이 고안되었다. 예를 들어 벼의 이앙, 그루갈이, 간작과 같이 토지의 이용 방법을 개선하든가, 또는 토지의 질을 높이기 위해 퇴비나 인분 등을 비료로 쓰기도 했다. 원시 농업 사회에서는 인분이나 가축의 분뇨가 중요한 비료였는데 가축의 분뇨는 주로 들것과 같은 기구로, 인분은 바가지나 동장군으로 날랐다. 초기에는 농지와 주거지가 가까워 이것을 운반하는 데 별로 문제가 없었으나 농지와 주거지 간의 거리가 길어짐에 따라 새로운 운반 기구가 필요하여 만든 것이 거름지게이다.

**거름지게**는 긴 막대기의 중앙에 등판을 만들고 막대기 양끝에는 쇠갈고리를 달아 쇠갈고리에 인분통을 매달고 다니도록 한 것이다. 쇠갈고리가 없던 시대에는 꼬부라진 나무를 대신 썼다. 인분통은 도기나 나무로 만들었다.

농업이 우리나라의 주요 산업이던 시절, 인분은 중요한 대체 비료였다. 초기에는 이 거름지게를 이용하여 인분을 농지에 공급했는데, 지게로 이동한 인분의 이동 거리는 농지를 중심으로 동심원상 왕복 500m 이내였다. 이후 인구가 늘고 농산물에 대한 수요가 늘어 생산을 늘리기 위해 농부는 많은 인분을 필요로 했다. 따라서 지게로 인분을 나르는 데 한계가 있어 1960년을 전후해서 거름지게는 인분 달구지로 대체되었다.

지게는 주로 농촌 지역에서 농사일을 돕는 기구로 쓰였지만, 도

물지게
김준근, 『기산풍속도첩』

거름지게 농협중앙회 농업박물관 소장

시가 생기고 인구가 도시로 이동하면서 지게의 임무도 달라지기 시작했다. 도시 생활을 하는 데 필요한 지게로, 물을 나르는 데 쓰인 **물지게**가 있었다. 물지게는 거름지게에서 아이디어를 얻어 만든 것으로 물통은 깡통으로 만들었다.

서울의 경우, 6 · 25전쟁 이후에 인구가 갑자기 늘면서 여러 가지 도시 문제가 발생했는데 그중에서 물 문제가 매우 심각했다. 인구가 갑자기 늘었으나 주택은 늘지 못하고 주로 가건물이 이를 대신했는데, 당시 경제 사정으로는 가건물에까지 수도를 가설한다는 것은 생각도 못 할 일이었다. 차선책으로 곳곳에 공중 수도를 설치하여 여러 사람이 이용할 수 있도록 했지만 수돗물의 공급은 늘지 않아 물이 턱없이 부족했다. 이 때문에 주민들은 물을 얻기 위해 마을 곳곳에 우물을 팠다. 이렇게 주민들은 공동 우물이나 공중 수도에서 물을 길어다 먹어야만 했는데, 이때 나타난 것이 물지게이다. 또한 공중 수도나 공동 우물에서 물을 길어다 먹을 수 없는 사람은 물을 사먹을 수밖에 없었다. 이리하여 물을 파는 물장수라는 새로운 직업이 생겼다. 물장수는 하루에 단골로 30여 집에 물을 날라다 주고 월말에 돈을 받았으니 이것이 현대 신용 제도의 초기 형태라고도 할 수 있을 것이다.

물장수를 하면서 먹고 사는 것도 어려울 텐데 일부 물장수 중에는 아들을 대학까지 보내는 억척이도 종종 있었다. 특히 특유의 성실함으로 서울의 물시장을 독점하다시피 했던 북청 물장수에 관한 이야기는 한동안 여러 사람의 화젯거리가 되었다. 그러나 물의 수요가 늘고 공급은 이를 따라가지 못함에 따라 1970년대 일부 고지대에는 물지게 대신 물자동차가 등장했고, 물지게는 1960년대 말 이후 사라졌다.

주택을 짓고 건물을 신축하는 데에는 많은 노동력이 필요하고 또 건축 자재도 필요했다. 모든 것을 노동력에 의지하던 시대에는 건설 공사판에서 건축 자재를 나르는 것까지 노동력에 의지할 수밖에 없었다. 따라서 일을 보다 수월하게 하기 위해 어떤 기구가 필요했는데, 벽돌지게와 흙지게가 바로 그것이다. **벽돌지게**는 공사장에서 벽돌을 나르기 쉽게 만든 것으로 나무로 만들었으며, 공사장에서 흙이나 시멘트를 나르는 데 주로 쓰이는 **흙지게**는 고무나 플라스틱으로 만들었다.

지게의 기능을 보다 원활하게 하기 위하여 보조 기구를 이용하기도 했다. 보조 기구는 화물의 종류에 따라 다른데, 농촌 지역에서는 거름으로 쓰이는 인분을 거주지에서 농지까지 나르기 위해 동장군을 지게 위에 얹어 사용했다. 또한 가을에는 풀이나 볏짚을 나르기 위해 바소쿠리를 지게 위에 얹어 쓰기도 했으며 곡물과 같은 것은 가마니에 담아 지게로 나르기도 했다.

동장군

## 지게와 서민 생활

지게는 우리 농촌 생활의 중요한 도구로서 어느 가정이나 하나씩 가지고 있던 생필품 중의 하나이다. 지게는 일상생활에서 물건을 나르는 기구일 뿐 아니라 땅 위에 얹어놓으면 침대 같은 기능을 가지고 있어 사람들이 지게 위에서 휴식을 취할 수도 있다. 또한 지게는 놀이 문화에도 많이 응용되었다. 지게와 관계된 놀이를 보면 지게로 힘자랑하는 지게목발들기, 지게 싸움, 지게를 이용하여 재주를 자랑하는 지게작대기 돌리기, 지게발 걷기, 지게 타기, 그리고 지게상여놀이 등이 있다. 이러한 지게놀이는 우리나라 전역에 퍼져

지게놀이

있었으나 일제 강점기 이래 전부 없어지고 몇몇 지역에서만 명맥을 유지하고 있다. 예를 들면 강원도 양구의 상여놀이, 충남 공주의 지게목발놀이, 강원도 정선의 지게춤 정도가 아직도 행해지고 있다.

지게와 관계된 옛 이야기가 많은데, 그중 하나만 소개해보겠다. 고려 시대 이래 먹고 살기가 어려워 그렇게 되었는지 모르겠으나 우리 조상들은 노부모를 버리는 풍습을 가지고 있었는데 이를 고려장(高麗葬)이라고 한다. 어느 날 자식이 노모를 고려장하기 위해 노모와 먹을 것을 지게에 얹어 사립문을 나오는데 어린 아들이 따라 나오더라는 것이다. 목적지에 도착해 자식이 노모와 지게를 놓고 돌아서는데 어린 아들이 아버지에게, "지게는 왜 안 가지고 가나요?"라고 물었다. 그래서 지게는 더 이상 필요 없다고 하니까 아들이 대꾸하는 말이, "아버지가 늙으면 내가 무엇으로 아버지를 나를까요?"라고 하더라는 것이다. 그래서 자식은 노모와 먹을 것을 지게에 다시 얹고 집으로 돌아왔다는 일화가 있다. 이와 같이 지게는 물건을 나르는 데에만 쓰인 것이 아니라 사람을 나르는 데에도 쓰였다.

## 바퀴 달린 운반 기구

도시가 발달하면서 도로와 성곽 등 도시 기반 시설이 등장했고, 도시의 가옥은 보다 높고 보다 넓어졌다. 이러한 시설을 짓는 데에는 많은 건축 자재와 노동력이 필요했다. 이에 많은 물건을 쉽게 나를 수 있는 방법으로 바퀴 달린 운반 기구가 개발되었다.

**구판**(駒板)은 둥근 나무 막대기를 평평한 땅 위에 나란히 펼쳐놓고 그 위에 두 개의 나무판자를 올려놓은 다음 나무판자 앞에 끈을 달아 앞에서 끌 수 있도록 만든 기구이다. 짧은 거리를 이동하는 데 필요한 기구로 바퀴가 나오기 전에 이용하던 기구이다.

**설매**[雪馬]는 작은 물건을 실어 나르는 운반 기구로 썰매라고도 한다. 구판보다 조금 발전된 기구로 공사장에서 돌이나 목재 등을 운반하는 데 이용되었다. 썰매는 두 개의 판재를 60cm 정도 벌려놓고 미끄러지기 쉽게 바닥을 휘어지게 깎은 후 앞뒤는 위를 향하게 했다. 그리고 여러 개의 세장을 가로로 대고 앞 가로대에는 끈을 달아 사람이 끌 수 있게 만들었다. 조선 정조 때 수원성을 쌓는 데 쓰였다는 기록이 있는 것으로 보아 조선 시대에는 자주 이용되었던 것 같다. 그러나 썰매는 평지에서만 이용이 가능하고 짧은 거리를 이동하는 데 필요한 기구인 관계로 보편화되기에는 어려움이 있었다. 일부 농촌에서 쓰였다는 기록도 있다.

**동차**(童車)는 바퀴 달린 기구의 초기 형태로 비교적 소형이고 견고하여 공사장에서 건축 자재를 나르는 데 쓰였다. 동차는 사각형의 틀을 만들고 틀의 네 개 모퉁이에 네개의 통나무 바퀴를 각각 달고 앞에서 사람이 끌도록 만들었다. 동차는 소량의 물건을 가까운 곳에 운반하는 데 쓰였는데, 무게의 중심을 앞에 달린 끈에 두기 때

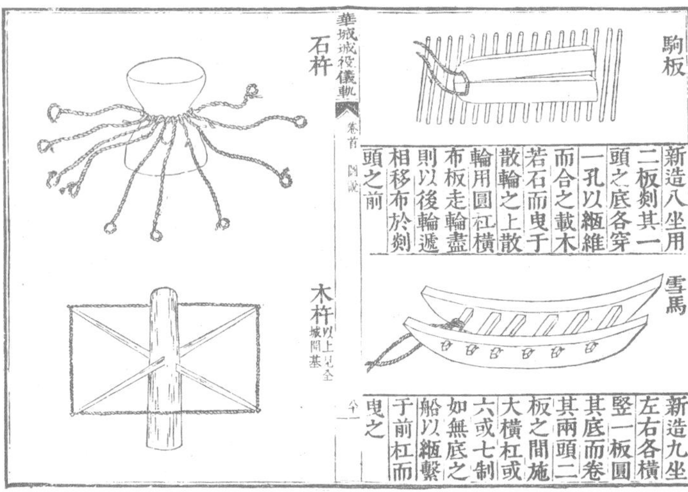


구판, 설매 『화성성역의궤』

문에 무거운 물건을 나르기에는 어려움이 있다. 『화성성역의궤(華城城役儀軌)』에 의하면 수원성을 쌓는 데 모두 네 명이 동차를 끌거나 밀었다는 기록이 있다.

**평차**(平車)는 동차보다 진화된 바퀴 달린 기구로 곧고 긴 장틀에 대여섯 개의 세장을 달고 앞에서 세 번째까지의 세장 양쪽에 바퀴를 달았다. 동차와는 달리 바퀴의 무게를 줄이기 위해 바퀴를 통나무 대신 십자형의 살로 만들었다. 평차는 돌이나 목재 등 건축 자재를 운반하던 기구로, 대차보다는 작고 동차보다는 큰 중간 정도의 크기이다. 길이는 3m 내외이고 폭은 1.2m 내외다. 조선 시대 수원

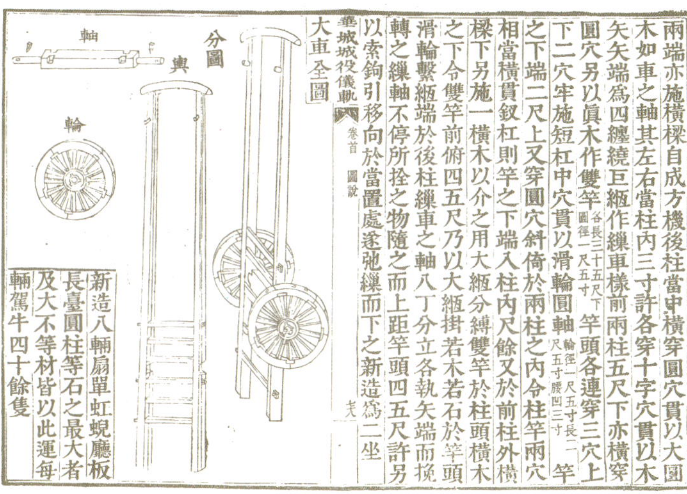

평차, 발차, 동차 『화성성역의궤』

성을 쌓는 데 평차를 이용했다는 기록이 있다.

**대차**(大車)는 크기가 6m, 넓이가 2m나 되는 큰 운반 기구로 동차보다 긴 장틀에 여섯 개 이상의 세장을 붙이고 바퀴는 통나무 대신에 현재의 것과 같이 원형의 바퀴에 살을 붙여 세장 전체를 지탱하도록 만들었다. 수원성을 쌓는 데 쓰였다는 기록이 있는데 당시 대차는 소 40마리가 끌 정도로 크기가 매우 컸다고 한다.

**손수레**는 사람이 손으로 끈다고 하여 붙여진 이름이다. 길이 1~1.5m의 장틀에 폭 1m의 사각형 틀을 만들고 틀 밑에 바퀴를 달아 사람이 끌도록 한 운반 기구이다. 바퀴는 달구지의 것보다 가늘고 지름을 크게 하여 잘 구르도록 만들었다. 초기의 바퀴는 나무로 만들었으나 나무가 너무 자주 닳아 나무 위에 쇠를 입혀 쇠바퀴를 썼다. 하지만 쇠바퀴도 움직임이 둔하고 덜컥거려 최근에는 탄력성이 있어 움직임이 부드러운 고무바퀴로 바뀌었다.

손수레는 바퀴가 하나인 것과 두 개인 것이 있다. 바퀴가 하나인 외바퀴 수레는 바퀴가 몸체의 가운데에 위치하고 몸체의 앞부분 손잡이에서 무게중심을 잡도록 했다. 외바퀴 손수레는 공사장에서 흙이나 자갈 등을 나르는 데 쓰였다. 바퀴가 두 개인 두 바퀴 수레는 몸체 중간 양쪽에 바퀴가 위치하고 손잡이에서 무게중심을 잡도록 했다. 두 바퀴 수레는 형태가 여러 가지인데 수레 위에 나무상자 같은 틀을 만들어 올려놓은 것, 또는 손수레 틀 양쪽에 넓은 판재를 세워놓아 물건이 쏟아지지 않도록 한 것이 있다. 전자는 농촌에서 재나 흙과 같은 물건을 나르는 데 쓰였고, 후자는 나뭇가지나 쌀가

손수레

마니 등을 운반하는 데 쓰였다. 그리고 판재가 없는 수레는 비교적 가벼운 물건을 싣고 갈고리에 새끼줄로 화물을 잡아매고 다녔다. 자료에 의하면 1911년 우리나라에 손수레가 1,804대가 있었다.

기사계첩 어첩봉안도

## 2. 여객용 운반 기구

인간은 오래전부터 먼 거리를 이동할 때는 소나 말 등과 같은 동물을 이용했다. 고구려 벽화나 신라 무덤에서 발굴된 자료를 보면 우리나라에서 운반 기구를 이용한 것은 매우 오래전부터인 것 같다. 그러나 남여나 가마 등과 같이 단순한 운반 기구를 이용하기 시작한 것은 그리 오래되지 않았다. 더구나 가마, 남여 등과 같은 운반 기구는 왕족이나 귀족 계급들만 이용했을 뿐 일반인은 이용하지 못했다. 뒤이어 인지가 발달하고 사람의 통행이 활발해지면서 바퀴 달린 운반 기구가 등장했다.

### 가마

초기에 발달한 단순한 운반 기구로는 들것 · 허벅 · 남여 · 가마 등이 있다. 들것이나 허벅은 일반적인 이동 방법은 아니고 노약자나 어린이를 위한 기구였고, 남여나 가마 같은 것은 일반 대중보다는 양반이나 부유층에서 주로 쓰였다.

가마는 한자로 여(輿) · 교자(轎子) 등으로 불리는데, 긴 가마채에

남여 국립고궁박물관 소장

집 모양의 구조물을 올려놓고 가마채에 끈을 걸어 어깨에 메고 다니는 것을 말한다. 가마는 지붕이 있는 유옥 교자(有屋轎子)와 지붕이 없는 무개 교자(無蓋轎子)로 분류된다. 유옥 교자에는 꽃가마 · 연 · 덩 등이 있으며 무개 교자에는 남여 · 평교자 등이 있다. 가마는 주로 부녀자들이 이용했다. 그리고 『조선실록』(태종 7년)에 "부녀자들이 나들이를 할 때 평교자를 타는데 종이 사면에서 부축하고 막고 가린 것이 없어 (……) 3품의 정처는 지붕이 있는 교자를 타고 나머지는 말을 타도록 했다"라고 되어 있는 것으로 보아 신분이 높은 여자들은 지붕이 있는 교자를 타도록 한 것 같다.

가마는 앞뒤로 한 명씩 두 명이 메는 2인교, 4인이 메는 4인교, 그리고 8인이 메는 8인교 등이 있다. 2인교는 보교(步轎)라 하는데, 보교는 고려 시대 견여(肩輿)를 장식하여 만든 것으로 기둥을 4면에 세우고 휘장을 두르고 뚜껑은 가운데가 솟아 정자처럼 보이고 바닥은 가죽으로 가로와 세로로 엮어 멘 가마를 말한다. 4인교는 앞뒤로 두 명씩 네 명이 서서 멜빵에 장대를 걸어서 어깨에 메게 되는데, 궁중에서 쓰던 것 이외에 민간에서 혼사 때 신부가 타던 것을 특히 꽃가마라고 불렀다.

또한 가마는 아무나 타는 것이 아니라 정삼품 이상의 신분을 가진 사람만이 탈 수 있었다. 『조선실록』(영조 12년)에 "당하관으로 교자를 탄 황산 찰방 김광억과 경차관 한시태를 벌하게……"라고 씌어 있는 것을 보면 당상관 이상만 교자를 타도록 되어 있다. 그러나 조선 후기에 들어서면 민간인도 가마를 탈 수 있게 되었다.

**남여**(藍輿)는 의자와 비슷하고 덮개가 없는 작은 가마로 대감들의 출퇴근용이었다. 앞뒤에서 두 명이 어깨에 멜 수 있도록 만들어졌다. 남여는 관직의 등급에 따라 가마꾼의 수가 다른데, 가마꾼이

신행 김준근, 『기산풍속도첩』

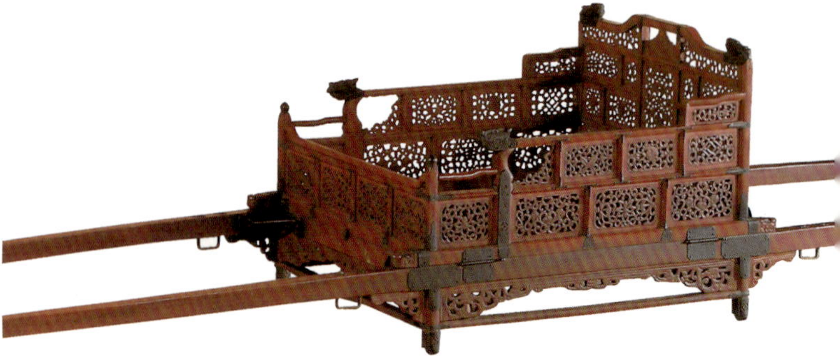

평교자 국립고궁박물관 소장

연 국립고궁박물관 소장

두 명인 경우는 정삼품 이상의 당상관이, 네 명인 경우는 종이품 참판 이상의 관리가 이용했다. 『조선실록』(영조 25년)에 "이 날이 화평 옹주의 소상이라 임금이 그 대문에 이르러 남여에서 내려 슬프게 눈물을 흘리며"라고 기록되어 있는 것으로 보아, 늦은 밤에는 임금도 자주 이용했던 것 같다.

**평교자**(平轎子)는 사방이 트인 무개 교자로 네 사람이 가마채에 끈을 걸어 어깨에 메고 가도록 되어 있으며 종일품 이상의 관원과 기로소 당상관 이상의 관리들만이 탈 수 있다. 따라서 교자가 움직일 때는 가마꾼 네 명 이외에 앞에서 길을 인도하는 사람(안롱), 쉴 때 앉을 수 있는 의자를 든 사람(호상), 우산을 든 사람, 파초선을 든 사람, 저녁에 불을 밝히기 위해 사롱을 든 사람 등 수십 명의 수행원이 필요하다.

**연**(輦)은 난가, 난여라고도 하는데 주로 임금이 타는 가마이다. 불교 의식에서도 자주 사용했는데 불교에서는 불연이라고 불렀다. 고구려 벽화를 보면 연은 밑에 수레를 달아 말이 끌게 했으나, 조선시대 연은 20명의 가마꾼이 메도록 했다. 연은 지붕에 붉은 칠을 하고 주홍과 황금으로 장식했으며 지붕을 만들어 비를 피하고 사방에 붉은 난간을 달아 위용을 과시하고 겉과 안에는 용과 봉황을 그려넣었다. 크기에 따라 소연, 대연, 평연으로 부른다. 연은 일반적으로 왕이 탔으나 왕세자가 타는 연은 모양은 같으나 장식이 달랐다. 『조선실록』(영조 48년)에 "영조는 태묘 문 밖에 이르러 연에서 내려 여로 갈아타고 묘문 안 재실로 들어가……"라고 기록되어 있는 것을 보면 행차 시에 넓은 지역에서는 연을, 좁은 지역에서는 여를 탔음을 알 수 있다. 한편 『조선실록』(태조 3년)에 태조 이성계는 한양 천도를 위해 연을 타고 종묘지 터를 찾았다는 기록이 있는 것으로 보아 임금은 거리에 관계없이 연을 자주 이용한 것 같다.

**덩**은 주로 공주나 옹주가 타고 다닌 가마로 연과 규모가 다르다. 『조선실록』(순조 2년)을 보면 "삼간택을 끝낸 뒤 별궁에 나갈 때는 준례상 덩을 타고……"라고 기록되어 있는 것으로 보아 덩을 탈 수 있는 사람이 공주나 옹주에 국한된 것은 아닌 것 같다.

**여**(輿)는 궁중에서 쓰던 가마로 주로 가까운 거리를 이동할 때 이용했다. 그리고 여는 남여와 같이 지붕이 없다. 재상이나 나이 많은 관리가 주로 이용했으며, 연(輦)이 형식과 격식을 갖춘 데 비하여 여는 비교적 간편하게 탈 수 있는 가마이다. 그리고 연이 움직이는 데 20여 명의 가마꾼이 필요한 데 비하여 여는 8명의 가마꾼이 동원되었다. 임금이 가까운 사직단 · 성균관 · 종묘 등에 행차할 때도 종종 이용했다.

과거 왕실에서 쓰이던 기구로는 **채여**(彩輿)도 있다. 채여는 고려시대 이전부터 쓰이던 것으로 왕실에 의식이 있을 때 귀중품을 나르는 데 쓰였다. 채여는 전체를 꽃무늬로 채색했으며 두 사람이 메고 다녔다. 또한 왕실에서 옥책 · 금보 등을 운반할 때 사용하던 것으로 용정자(龍亭子)라는 것이 있다. 『조선실록』(명종 1년)을 보면 "…… 조칙을 담는 용정자가 가고 뒤이어 사신이 뒤를 따르고……" 라고 기록되어 있다.

덩 국립고궁박물관 소장

## 바퀴 달린 운반 기구

인간의 육체를 이용한 운반 기구는 이용하는 데 문제점이 많다. 특히 먼 거리를 이동하거나 여러 사람이 이용하기에는 한계가 있어 보다 편리한 기구를 생각하다 보니 바퀴가 달린 기구를 고안하기에 이르렀다. 조선 시대에 있었던 운반 기구는 대부분 왕이나 귀족과 같이 신분이 높은 사람이 타고 다녔으나 인력거가 도입되면서 운반 기구의 이용 범위가 넓어지기 시작했다. 바퀴 달린 운반 기구로 초헌, 인력거 등이 있다.

**초헌**(軺軒)은 외바퀴 위에 의자가 있는 탈것으로, 일륜거(一輪車)

또는 명거(命車), 헌초(軒軺) 등으로 불렀다. 손잡이가 달려 있는데 네 명 내지 여섯 명이 앞뒤에서 끌고 밀며 다녔다. 우리나라 고유의 탈것으로, 세종 조에 처음 이용했으나 오래가지는 않았다. 초헌은 종이품 이상의 벼슬아치가 타고 다녔는데 『조선실록』(선조 16년)에 "무관은 비록 재열에 이르더라도 초헌을 탈 수 없는 것이 예법인데 지사 곽홀은 의기양양하게 초헌을 타고 다니니 추고하소서"라고 되어 있는 것을 보면 초헌을 타는 데 차별을 둔 것 같다.

**인력거**(人力車)는 1894년 일본에서 도입되어 서울과 같은 대도

**초헌** 김준근, 『기산풍속도첩』

시 지역에서 일반인보다는 관리나 부유층, 일부 기생들이 많이 이용했다. 인력거는 두 개의 바퀴 위에 앉을 자리를 만들어 한 사람 또는 두 사람을 태우고 사람이 앞에서 끌었는데 바퀴는 이동 시에 인력거꾼의 힘을 덜기 위해 크고 가늘게 만들었다. 초기에는 바퀴가 철제였는데 철제 바퀴는 진동이 심하고 불안정해서 인기가 없었다. 후에 바퀴가 탄력이 있는 타이어로 바뀌면서 인력거의 수요가 늘기 시작했다. 인력거는 덮개가 있는 것과 그렇지 않은 것으로 구분한다. 1911년에는 인력거가 1,217대 있었고, 1924년에는 1,509대로 늘었으나, 택시의 도입으로 점차 수요가 줄어 광복 후 자취를 감추었다.

인력거

# Ⅱ. 축력 교통

인구가 늘고 농산물의 생산이 증가하면서 인간과 화물의 이동은 더욱 활발해졌다. 따라서 담부 교통으로는 인간의 수송 욕구를 충족시키기 어려워 개발된 것이 축력 교통이다. 축력 교통은 소와 말 같은 가축이 수송을 담당하는 것을 의미한다. 초기에는 직접 사람이 타거나 동물의 등 위에 물건을 직접 얹고 날랐으나, 후에는 보조 기구를 이용하여 물건을 날랐다. 축력 교통의 발달로 화물은 물론 인간도 멀리, 그리고 많이 이동할 수 있었다.

쌍마 인물　장승업, 고려대학교박물관 소장

# 1. 수송용 동물

인간이 동물을 가축화하면서 동물의 이용 범위가 늘고 다양해지기 시작했다. 우리나라에서 견인 동물로서 이용된 것은 소와 말인데 농촌 지역에서는 주로 소를, 도시 지역에서는 말을 많이 이용했다.

## 말

말은 용도에 따라 분류할 수 있다. 군사용 말은 군마(軍馬), 짐수레를 끄는 말은 만마(輓馬) 또는 하마(荷馬), 농사에 쓰는 말은 농마(農馬), 여가와 사냥에 쓰는 말은 승마(乘馬)라고 한다. 우리나라에서 볼 수 있는 말은 크기가 큰 군마 또는 조금 작은 경마 이외에 하역마로 불리는 노새, 나귀 등이 있다. 군마는 크기가 1.7m 이상이며, 경주용 말이나 하마는 1.5m 내외로 크기가 작다.

말이 언제 우리나라에 들어왔는지는 정확히 알 수 없지만 고조선 시대에 이미 말을 사육한 것 같다. 말은 처음에는 군사용으로 쓰였고, 이후 결혼식이나 국가적 행사에서 의전용으로 이용되다가 후에 운반용으로 이용되기 시작했다. 고려 시대에는 태조가 8개 지역에

국립 말사육장을 설치하여 말을 사육한 것을 보면 우리는 일찍부터 말의 중요성을 인식한 것 같다. 그리고 몽고의 내습 이후 말의 사육이 늘었으나 크게 발전하지는 못했다. 조선 시대에는 군용 이외에 여객용으로 많이 이용했다. 특히 말은 아무나 못 타고 양반만이 탈 수 있었다. 그러나 말값이 워낙 비싸서 말이 없는 양반은 외출 시에 말을 빌려 타고 다니는 일도 적지 않았다. 그리고 문신들은 말을 타고 외출할 때 반드시 말꾼을 데리고 다녔는데, 종이 없는 양반은 말꾼까지 빌려 외출했으니 양반노릇하기가 쉬운 일은 아니었던 것 같다. 김홍도나 신윤복의 그림을 보면 여인들이 말이나 소를 탄 모습

**봄나들이** 신윤복, 간송미술관 소장

을 많이 보게 되는데 실제로 조선 시대에는 궁녀는 물론 3품 이상의 처, 딸, 며느리 등은 외출 시에 말을 탈 수 있도록 허락되었다.

1910년 당시 우리나라에는 39,000마리의 말이 사육되고 있었으나, 30년이 지난 1944년 통계를 보면 남한에서 사육되고 있던 말만 37,000마리로 그 숫자가 증가했다. 그러나 8 · 15 광복과 같은 혼란기를 거치면서 1948년에는 34,000마리로 줄더니 6 · 25전쟁 이후 그 수가 계속 줄어들었다.

용도에 있어서도 많은 변화가 있었다. 일제 강점기를 거치면서 자동차의 도입으로 하역용이나 여객용은 점차 줄어들고 승마나 경주마는 계속 늘어났다. 1940년대 통계 자료를 보면, 하역용 88%, 승마용 8%, 여객용이 4%로, 우리는 말을 주로 하역용으로 쓰고 있었음을 알 수 있다. 현재는 하역이나 여객용은 없어지고 승마용으로 일부 관광지나 대도시 지역에서 사육하고 있다.

## 소

소의 용도는 다양하나 처음에는 제사용으로 쓰였다. 삼국 시대에는 제례 행사 때 제물로 이용되었으며, 특히 백제에서는 순장에 소를 썼다는 기록이 있다. 고려에서는 정부 산하에 하늘에 제사 지내는 기구를 두었을 정도로 천제(天祭)를 중히 여겼으며 제사 지낼 때는 반드시 소가 제물로 이용되었다. 그리고 조선 시대에는 임금이 선농단에 나가 매년 소를 잡아 제사를 지냈다.

두 번째로 소는 농사용으로 쓰였다. 소가 농사용으로 쓰인 기록

**논갈이** 김홍도, 국립중앙박물관 소장

은 신라 지증왕 때 발견되며 눌지왕 때는 백성에게 우차법을 가르쳤다는 기록이 있다. 그리고 경주 고분이나 고구려 벽화에서 흙으로 만든 우차가 발견된 것을 보면 소가 농사용 및 화물 운반용으로 쓰인 것 같다. 조선 시대에는 식용, 농사를 짓는 우경용, 화물을 운반하는 만용으로 쓰였으며, 일부 지방에서는 여객용으로 쓰이기도 했다. 이러한 이용 패턴은 변하지 않았으나 1970년대 산업화 이후 기계가 농업에 도입되면서 소의 용도 중 만용이나 우경용은 점차 사라지고 있다.

우리나라에 소가 언제 들어왔는지는 정확히 알 수 없지만 지금부터 1800~2000년 전에 이미 소를 사육한 것 같다. 소를 집단으로 기르기 시작한 것은 아주 오래되지는 않았는데, 예를 들면 고려 시대에는 관영 목장이 있어서 사육했다는 기록이 있고, 조선 시대에는 소와 말을 기르는 관영 목장이 159개가 있었으나 임진왜란 이후 그 수가 점차 감소했다는 기록이 있다. 그리고 일제 강점기에는 우량종을 만들기 위한 연구를 했다는 기록이 있다. 1910년 당시 우리나라에는 70만 마리의 소가 있었고, 30년 후인 1944년에는 남한에만 95만 마리로 늘어났다. 그러나 8 · 15 광복과 같은 혼란기를 거치면서 1948년에는 소가 68만 마리로 감소했다. 6 · 25전쟁 이후 인구의 대이동으로 인한 도시화, 게다가 1970년대 이후 소를 대신할 수 있는 농기계의 개발로 식용 이외에는 소가 농촌 지역에서 점차 감소하고 있다.

## 노새와 나귀

우리나라에서 운송용으로 주로 쓰이던 동물로 노새, 당나귀, 조랑말 등이 있다. 노새는 잡종으로 생식력이 없고, 나귀는 말과 노새의 중간형이다. 조랑말은 나귀의 일종으로 체구가 작은 말인데 지역 환경에 잘 견디는 특성을 가지고 있으며 우리나라에서는 제주마가 대표적이다.

노새는 암말과 수나귀의 교배종으로 갈기나 꼬리털은 말과 비슷하며 귀는 말보다 길고 목은 짧으며 궁둥이는 좁고 경사가 있다. 수놈은 생식력이 없으며 크기는 1.4~1.6m로 아무리 커도 1.5m 내외이다. 아무것이나 잘 먹고 튼튼하고 부지런하여 농업용이나 하역용으로 쓰인다. 우리나라에 노새가 언제 들어왔는지는 알 수 없지만 매우 오래된 것 같으며, 1910년 당시 812마리가 있었으나 30년이 지난 1944년에는 650마리로 줄었고, 그 이후는 통계가 잡혀 있지 않지만 숫자가 계속 줄어 현재는 거의 사라졌다.

나귀는 당나귀라고도 하며 크기가 1.5m 정도로 작고 체격이 좋다. 등에는 어깨에서 꼬리의 끝까지 짙은 줄이 있고 이마에는 털이 없으며 귀는 말보다 길고 크다. 눈 주위와 입, 하복부가 하얀 털로 덮여 있다. 체력이 강하며 바위가 많은 곳에서도 잘 걸어 화물 운반에 이용되었다. 우리나라에 당나귀가 들어온 시기는 알려져 있지 않으며 조선 시대에는 선비들이 여객용으로 많이 이용했던 것 같다. 말과 달리 나귀는 값이 싸고 먹이도 조금 먹으며 오랫동안 걸을 수 있다는 장점 때문에 관원들이 주로 이용했다. 그러나 느리게 걸어 군마로는 이용되지 못했다. 1910년 당시 우리나라에는 8,264마

나귀

리가 있었으나 30년이 지난 1944년 당시 남한에는 나귀가 1,600마리로 줄더니 최근에는 자동차 교통의 발달로 거의 사라지고 없다.

나귀와 비슷한 종류로 조랑말이 있는데 크기가 1.5m 이하로 매우 작다. 19세기에 우리나라를 방문한 서양인이 쓴 기행문을 보면 크기가 개와 같다는 기록이 있다. 그러나 조랑말은 강인하여 짐을 실어 나르거나 여객용으로 많이 이용되었다. 조랑말은 원나라가 일본을 정복하기 위해 제주도에 자기 나라 말을 사육하기 시작한 데서 비롯되었다. 1990년대 천연기념물로 지정되었고, 현재 1만여 마리가 있다.

경주용 말

조랑말

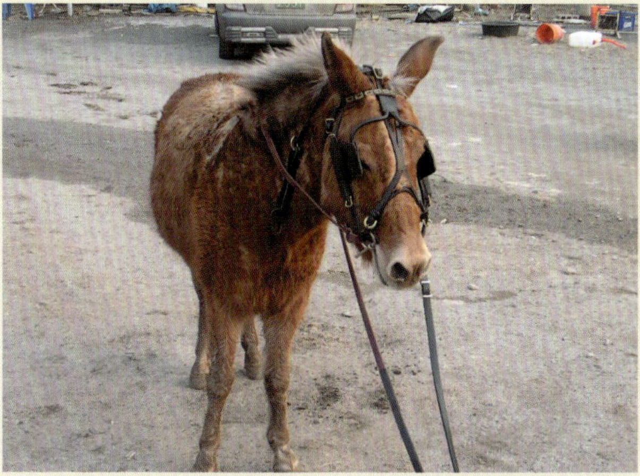

노새

나귀

길마　농협중앙회 농업박물관 소장

걸채　농협중앙회 농업박물관 소장

# 2. 화물용 운송 기구

## 보조 기구

말이나 소 자체를 이용한 축력 교통은 보다 먼 거리를 가거나 보다 많은 화물을 운반하기에는 한계가 있어 이를 보완하기 위해 보조 기구가 필요하게 되었다. 보조 기구는 화물의 종류에 따라 다르다. 축력을 이용한 운송 보조 기구로 거지게와 걸채 등이 있다.

**거지게**란 소나 말의 등에 올려놓던 지게를 말하는데, 모양은 지게처럼 생겼으나 통발이 없는 게 특징이다. 크기는 60cm 내외이다. 소나 말의 등에 길마를 얹고 거지게를 길마 양쪽에 걸쳐 물건을 날랐는데, 주로 통나무 · 쌀가마 등과 같이 무거운 물건을 나르는 데 쓰였다.

**걸채**는 팔목 굵기의 나무로 가로, 세로 1.5m 내외의 사각형 틀을 만들고 그 안에 두 개의 세장을 대서 세 개의 칸을 만들고 가운데는 길마의 가지가 끼도록 얹는다. 그리고 양쪽의 칸에는 새끼줄을 얼기설기 엮어 물건이 새지 않도록 하고 양쪽의 칸에 볏짚과 같은 물건을 담아 날랐다. 일부 지방에서는 발구 또는 발채 등으로 불린다.

**옹구**는 사각형 틀에 세 개의 칸을 만들고 양쪽 칸에 새끼줄로 짠 작은 자루를 단 후 그곳에 물건을 담아 날랐다. 물건을 실을 때에는 밑을 옆으로 돌려 막고 물건을 부릴 때는 다시 원위치로 돌려놓아 물건이 저절로 쏟아지도록 했다. 걸채와 달리 감자 · 채소 등과 같이 무겁지 않고 작은 물건을 나르는 데 쓰였다.

## 견인 기구

인지가 발달하고 인구가 늘면서 사람과 화물에 대한 이동 수요가 늘었으나 보조 기구로는 욕구를 충족시키기 어려워 개발된 것이 축력을 이용한 견인 기구이다. 대표적인 견인 기구로 발구와 달구지 등이 있다.

**발구**는 원시 달구지의 한 형태로 바퀴가 없는 게 특징이다. 길이 3~4m 되는 팔뚝 굵기의 나무 두 개를 1m 정도 나란히 놓고 한쪽은 소의 멍에에 얹고 다른 쪽은 썰매처럼 땅에 끌리게 하고 그 위에 짧은 나무 기둥을 세운다. 그리고 그 위에 가로대를 단 후 가로대 위에 썰매를 올려놓고 썰매에 짐을 싣는다.

발구의 소재는 재질이 단단한 참나무이다. 발구는 물건의 종류에 관계없이 먼 거리를 이동할 수 있는 편리한 운송 도구이지만 문제는 평탄한 지형이 아니면 이용하기 어렵다는 것이다. 그래서 주로

**옹구** 농협중앙회 농업박물관 소장

**발구** 농협중앙회 농업박물관 소장

달구지 농협중앙회 농업박물관 소장

평야 지대에서 많이 쓰였으나 산악 지대에서는 눈 오는 겨울에 발구를 많이 이용했다.

**발차**는 소나 말이 끄는 원시적인 운송 기구로, 작은 물건을 나르는 데 쓰였다. 두 개의 휘어진 나무에 몇 개의 세장을 가로로 대고 바닥에는 통나무 바퀴를 양쪽에 하나씩 달도록 했는데 바퀴는 두껍고 둥근 판재로 만들어졌다.

몸체의 길이는 6m 내외로 비교적 크다. 일부 지역에서는 바퀴가 없는 발차를 이용했으며 조선 시대에는 수원성을 쌓는 데 발차를 이용했다는 기록이 있다. 일반에서는 자주 쓰이지는 않은 것 같다.

**달구지**는 축력을 이용한 운송 기구 중에서 가장 발달한 기구이다. 농촌에서는 곡물이나 땔감, 건축 자재 등을 실어 나르는 데 이용되었으나 1960년대 도시 근교에서는 인분을 실어 나르기도 했다

그러나 신라나 가야의 무덤에서 출토된 유품을 토대로 추정해 보면 달구지는 삼국 시대 이전에 도입된 것 같다. 특히 고구려 쌍영총의 벽화에서 보이는 연이나 신라 무덤에서 나온 수레는 현대의 달구지와 거의 비슷하다.

자료에 의하면 1911년 우리나라에는 38,337대의 소달구지가 있었고, 1924년에는 4,811대가 있었다. 이후로는 통계 자료가 없어 알 수 없으나 자동차 교통의 발달로 1970년대 이후 사라졌다.

달구지는 소나 말의 등에 얹는 첫대, 달구지의 본체인 장틀, 달구지의 몸을 이루는 사장, 사장을 가로 받치는 세장, 바퀴와 바퀴살 등으로 구성된다.

우리나라에서 사용된 화물 마차는 지역에 따라 구루마 또는 달구지 등으로 불리었는데 이를 분석하기 위해 우리나라 180개 시 · 군 문화원을 대상으로 앙케트를 조사한 결과(1980년대) 전체의 85%인 139개 군 응답자 중에서 87.1%인 121개 군에서 화물 마차는 구루마로 통칭되고, 8.6%인 12개 군에서는 달구지, 우차 또는 마차로 불리고 있었다. 달구지로 불리는 지역은 주로 북부 지방으로 임진강 접경 지역인 강화 · 파주 · 동두천 · 연천 · 화천, 태백산맥 줄기인 춘성 · 홍성 · 평창 등이다. 그리고 전라도의 무안 · 완주 · 영광 · 화순 등지에서도 달구지로 불리고 있는데, 이들 지역은 이북 피난민의 집단 거주지가 있어 이들에 의해 달구지로 불리는 것 같다. 우차 또는 마차라고 불리는 지역은 강원도 해안의 강릉 · 삼

남한 달구지

북한 달구지

척 · 영월 · 태백, 경기의 안성 · 수원, 충남의 예산 · 홍성 등이다.

달구지는 지형에 따라 형태가 다르다. 산이 많은 북한에서는 바퀴가 크고 달구지 몸통에 4~5개의 세장을 놓았다. 따라서 작은 물건을 실을 때는 가마니와 같은 깔개가 필요하다. 그리고 몸체와 한 몸을 이룬 쳇대를 소의 목에 얹은 멍에에 연결하여 소가 목뼈로 달구지를 끌게 했다. 이것은 험한 길을 갈 때 달구지가 언덕 아래로 구르는 경우 소가 입는 피해를 막기 위함이다. 반면에 평지가 많은 남한에서는 바퀴가 작고 틀 위에 널빤지를 촘촘히 깔아놓았다. 그리고 달구지의 틀 앞쪽에 두 개의 쳇대를 따로 붙이고 이를 소 등 위에 얹은 길마에 연결해서 소가 몸으로 끌도록 했다. 달구지는 바퀴가 두 개인 것과 네 개인 것이 있다. 바퀴가 두 개인 것은 농촌 지역에서 주로 쓰이고, 네 개인 것은 도시 지역에서 쓰였다. 바퀴가 네 개인 달구지의 경우, 뒷바퀴는 크고 앞바퀴는 작은데 앞바퀴는 주로 방향을 잡는 데 쓰인다.

**쌍마교** 〈안릉신영〉, 김홍도, 국립중앙박물관 소장

# 3. 여객용 운송 기구

가마나 교자 등은 소수의 사람이 단거리를 이동하는 데 매우 편리한 기구이나 먼 거리를 이동하거나 다수의 사람이 한꺼번에 움직이는 데에는 문제가 많다. 이를 개선하기 위해 만들어진 것이 가축을 이용한 운송 기구이다. 가축을 이용한 여객용 운송 기구로는 주로 왕실에서 사용한 가교와 일반인을 위한 마차 등이 있다.

## 가교

가교는 왕이나 귀족 또는 고급 관리 등 부유층만 탈 수 있었다. 이렇게 이용에 제한이 있었던 것은 가교가 이동하려면 많은 사람이 동원되어야 했기 때문이다. 가교의 종류로는 독마교와 쌍마교가 있다.

우선 독마교(獨馬轎)는 말 한 마리에 가마를 얹고 앞뒤에서 사람이 가마채를 잡고 균형을 유지하면서 움직이는 가마이다. 독마교를 때로는 독교(獨轎)라 부른다. 독교를 탈 수 있는 자는 지방 관찰사 등 하급 관리들이다. 독교에는 장독교와 장보교가 있는데, 장독교는 뒤 전체가 벽이고 양옆에는 창이 있으며 앞쪽에는 들창처럼 된

문이 있는 가마이다. 그리고 지붕은 둥글게, 모서리 네 귀는 추녀처럼 만들어졌다. 장보교는 장독교와 비슷하나 네 기둥을 세우고 휘장을 둘러치고 뚜껑을 열었다 닫았다 할 수 있게 만들어졌다.

쌍마교(雙馬轎) 또는 쌍교(雙轎)는 가마의 가마채를 앞뒤 두 마리의 말안장 좌우에 걸고 가마 옆으로 가로지른 대를 네 명의 가마꾼이 잡고 균형을 유지하면서 움직이는 가마이다. 쌍교를 움직이는 데에는 앞뒤에서 말을 끌고 가는 두 명의 마부, 네 명의 가마꾼, 이외에 쌍마교를 호위하는 사람, 대체할 수 있는 마부 등 많은 사람이 필요하다. 따라서 정이품 이상의 관리와 관찰사, 그리고 승지를 지낸 사람만 쌍마교를 탈 수 있었다. 『조선실록』(인조 4년)을 보면

가교

"임금이 중신으로서 늙고 병들어 말을 탈 수 없는 자를 제외하고는 수령들은 가교를 타지 못하도록……"이라고 기록되어 있다. 그러나 가교는 아무리 지위가 높아도 도성 안에서는 탈 수 없도록 했다. 『조선실록』(인조 2년)을 보면 "호란 때 피난길에…… 중전이 가교를 타고 나가고 조금 뒤에 임금이 소여를 타고 영정문으로 나가 말을 타고 떠났다……"라는 기록을 보면 가교는 왕 이외에 왕족들도 탔던 것 같다. 『원행을묘정리의궤(園行乙卯整理儀軌)』에 정조가 탄 쌍마교는 가교, 청연군주(淸衍郡主)가 탄 쌍마교는 쌍교로 표시한 것을 보면, 조선 시대 임금이 타고 다닐 때는 쌍마교를 가교(駕轎)라고 부른 것 같다. 임금 행차 시에는 공가교가 정가교보다 앞에 가는데 공가교에는 사람이 타지 않는다. 공가교는 보안용으로 쓰였으며 일반 행사에는 자주 쓰이지 않았다.

## 마차

가교와 같은 기구는 소수의 사람이 이동하기에는 좋으나 다수의 사람이 이동하는 데에는 한계가 있었다. 더구나 가교는 일반인이 이용하지 못했으므로 개발된 것이 여객용 마차이다. 여객용 마차를 역마차라고도 하는데, 역마차는 덮개가 없는 무개마차(無蓋馬車)와 덮개가 있는 유개마차(有蓋馬車)로 구분된다. 그리고 끄는 말 수에 따라 일두마차, 이두마차, 삼두마차 등으로 구분하기도 한다.

마차는 바퀴의 수로도 구분하는데, 바퀴가 두 개인 것은 이륜마차, 네 개인 것은 사륜마차라고 불렀다. 우리나라에 역마차가 처음 들어온 1884년 당시 들여온 것이 이륜마차였다. 처음에 많은 사람들의 호기심을 자아냈던 이 이륜마차로 1994년 일본인이 서울 시내와 인천 간을 왕복하는 역마차를 운행했다는 기록이 있다. 1911년 자료에 의하면 우리나라에는 역마차가 110대가 운행되었다고 하는데 자세한 기록은 없으며, 1924년 자료에는 역마차가 13대 운행되었다고 하나 이후에는 자료가 없다.

바퀴가 네 개인 사륜마차는 우리나라에서 승합마차로도 불리었다. 승합마차는 유럽의 초기 도시 사회에서 중요한 교통 기관의 하나로 도시 발전에 크게 기여했다. 그러나 우리나라에서는 승합마차가 크게 대우를 받지 못했다.

태평양 전쟁 이후 휘발유의 부족, 민간 차량의 군 징발 등으로 자동차 산업이 사양길에 들어서게 되자 승합마차는 서울에서 자동차의 대체 교통 기관으로 이용되었다. 당시 승차 인원은 9명으로 서울에서는 서울역-동대문, 동대문-서대문, 서울역-노량진 간을 운

역마차

승합마차

행했는데 서울역-동대문과 동대문-서대문 간은 50원, 서울역-노량진 간은 70원을 받았다. 당시 서울에서 쌀 한 말이 1200원(圓), 전차값이 5원이었던 것을 감안하면 비싼 편이었다. 그럼에도 불구하고 하루 승객은 3만 명에 달했다.

승합마차는 1947년 당시 서울에서는 200대가 운행되었으나 요금이 너무 비싸고 속도가 느려 큰 인기를 끌지 못하여 그 수가 줄어 1948년에는 140여 대가 운행되었다. 6 · 25전쟁 이후 군용차가 민간용으로 전환되면서 자동차의 이용이 늘어 승합마차는 거리에서 사라졌다.

# Ⅲ. 근대 교통

근대 교통은 농촌 사회에서 도시 사회로 넘어가면서 도입되기 시작했는데, 우리나라에서 근대 교통 기구가 도입된 것은 1890년 전후로 보는 게 타당할 것이다. 유럽 사회에서는 도시 발전에 기여한 역마차를 주요 근대 교통 기구의 범주에 넣고 있으나 우리나라에서는 전차, 기차, 버스, 승용차 등을 근대 교통 기구로 규정하고 있다.

서울 시내의 전차와 전차로

# 1. 교통 기관

구 교통 기관은 주로 공물의 징수와 수송 또는 도성의 축조 같은 공공 업무에 필요한 수송 기구이지 여객 수송에는 별로 이용되지 않아 일반인은 하루에 30km 이상을 걸어 다녔다. 그러나 구한말에 전차와 같은 궤도차가 도입되면서 교통 기관의 이용은 점차 대중화되었고, 경인 · 경부 등의 철도가 건설되고 버스와 택시가 도입되면서 사람들의 이동이 활발해졌다.

우리나라에서 근대 교통 기관의 발달은 서구 문물의 도입 시기와 일치한다. 그리고 새로운 교통 기관의 도입은 서구 열강들의 치열한 다툼 속에서 외국인에 의해 이루어졌다. 최초의 근대적 교통 기관은 전차이고, 뒤이어 기차, 자동차가 도입되었다.

## 전차

우리나라에 전기가 들어온 것은 그리 오래전이 아니다. 전기는 1887년에 우리나라에 소개되었는데 처음에는 경복궁에 전등이 가설되었고 뒤이어 전기가 전차에 이용되었다. 조선의 근대화에 기여한 것이 여러 가지가 있는데 그중 하나가 전차의 등장이었다.

왕은 일 년에도 수십 차례 조상들의 능을 찾았는데, 그중에서 홍릉 행차는 더 자주 있었다. 왕의 행차에는 많은 인원이 동원되고 또 시설의 이동으로 인해 경비가 많이 들었다. 이를 눈여겨본 미국인 콜브란(H. Collbran)과 보스윅(H. R. Bostwick)은 왕의 행차에 드는 이동 경비를 절감하기 위해 왕궁에서 홍릉까지 전차의 개설을 정부에 건의했다. 정부는 처음에는 예산상의 문제로 이를 거절했으나, 전기의 좋은 점을 인식하고 있던 고종이 이를 받아들여 이들에게 전차 부설권을 주었다. 이들은 한성전기주식회사를 설립하고 서대문에서 청량리까지 약 8km의 전차 노반공사를 1898년에 시작 · 개통했다.

서울의 전차 노선도

초기에는 호기심에 구경꾼이 많이 모여들어 전차가 움직이는 데 적잖은 어려움이 있었다. 지방에서까지 전차를 구경하러 사람이 모여들었다는 신문 기사가 연일 보도된 것을 보면 전차의 인기가 대단했던 것 같다. 그러나 전차를 운영하는 데에는 많은 문제점이 있었다. 첫째는 요금이 비싸 부유층이 주로 이용했다는 점, 둘째는 초기의 전차는 브레이크도 불량한데다가 정거장이 따로 없어 전차를 타는 사람들이 전차 선로에 접근하기 쉽도록 만들어져 우마차나 사람이 전차에 치는 사고가 자주 일어난 점, 셋째는 당시 대일 감정이 나쁜 상황에서 운전수가 모두 일본인이었다는 점 등이다.

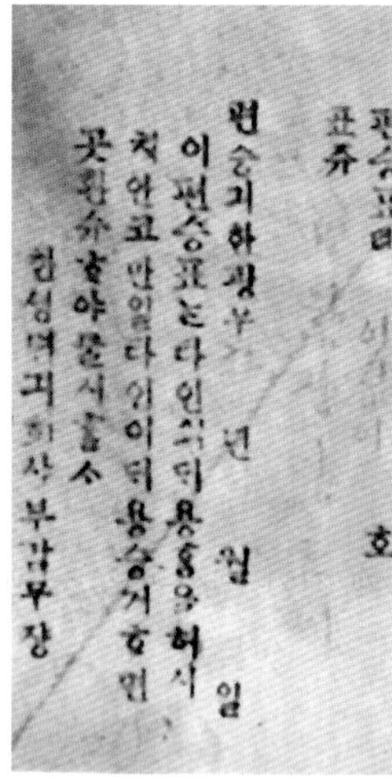

전차 정기승차권

그러나 전차 노반공사는 계속되어 1899년에는 종각에서 남대문을 거처 용산에 이르는 용산선이 개통되었고, 1901년에는 남대문에서 서소문(후에 없어짐)까지 전차 노반이 개설되었고, 뒤이어 서대문에서 마포, 그리고 용산에서 노량진을 거쳐 영등포까지 노선이 연장되면서 전차는 서울의 중요한 교통 수단이 되었다.

전차는 초기에 황실용 1대, 일반용 1대로 운행되다가 수요의 증가로 1910년에는 9대로 늘었다. 그리고 계속적인 전차에 대한 수요의 증가로 1944년에는 전차가 255대로 늘었다. 그러나 광복과 더불어 일본 기술자의 철수로 인한 기술의 공백이 생기고, 남북 분단

여러 가지 전차들

으로 그때까지 북한에서 공급되던 전기가 끊겨 전기의 부족 현상이 나타난데다가, 노후된 시설을 보수할 자본의 부족 등으로 전차의 운행이 줄어들기 시작했다. 더구나 6 · 25전쟁으로 시설의 70%가 파괴되어 1951년에는 겨우 10여 대가 운행되었다. 휴전 후 시설이 보완되고 교통 인구가 늘면서 1955년에는 차량 수가 44대로 늘었고, 1950년대 말부터 서울의 도시 인구가 배증하면서 1965년에는 2,811대로 늘었다. 그러나 버스와의 출혈 경쟁이 심해지고 전차의 선로가 버스 교통에 장애가 된다는 비판에 밀려 전차는 1968년 서울에서 사라졌다.

## 기차

19세기 말 조선에는 서구 열강들과 일본이 조선의 광산 개발권과 철도 부설권을 갖기 위해 각축을 벌이고 있었다. 철도의 필요성은 1880년대 초 많은 실학자들에 의해 제기되었으나 자본과 기술이 없는 조선으로서는 감당하기 어려운 일이었다. 그러다가 1896년 미국인 모스(J. R. Morse)에게 경인 철도 부설권을 주었으나 일 년 뒤 일본에 넘어가 1898년 노량진–제물포 간에 경인선이 개통되었으며, 뒤이어 1900년에는 한강 철교가 개통되어 서울–인천 간이 철도로 이어졌다.

경인선이 개통된 후 보수적인 한국인들은 기차를 별로 이용하려 하지 않아 겨우 20명 내외의 승객을 싣고 하루 두 번씩 왕복했다. 당시 여객 운임은 서울에서 인천까지 1등석이 1원 50전, 2등석이

우리나라 최초의 열차 경인선

80전, 3등석이 40전이었는데 당시 사람들에게 하루 40~50km 걷는 것은 어려운 일이 아니었기 때문에 기차가 외면당한 것 같다.

그러나 외국인이나 여행자들은 기차의 등장을 반겼다. 먼 거리를 여행하는 여행객들에게는 전근대적 교통 수단이 보통 불편한 게 아니었다. 예컨대 가마를 타고 여행을 한다면 가마꾼은 가다가 지치면 쉬고, 쉴 때는 막걸리를 마시고 가마를 메니 가마가 얼마나 요동을 쳤을까? 이때부터 음주운전이 유행하지 않았을까? 그리고 날이 저물면 여인숙에서 자고 또 짚신이 헤지면 짚신을 사주어야 하고 더구나 가마가 먼 길을 갈 때는 교대할 수 있는 가마꾼이 필요하다. 다시 말해서 한 사람 이동하는 데 4명 내지 8명의 가마꾼이 필요하니 가마를 타고 여행을 하면 얼마나 많은 돈이 필요한가? 더구나 많은 짐을 가지고 가야 하는 여행객들에게는 공짜로 짐을 가지고 갈

고속철도 KTX

수 있는 3등 열차를 타는 것이 훨씬 합리적이었다. 이러한 이유로 철도는 여행객에게 인기가 있었다.

1907년에는 서울-부산 간 철도가 운행되었으며 뒤이어 경의선, 경춘선, 중앙선, 용산선이 개통되면서 서울은 철도 교통의 중심지가 되었다. 현대에 와서는 2004년에 고속철도가 개통되면서 철도의 여객 수송 기능이 비약적으로 발전했다. 그러나 기차는 현재 서울의 도시 교통을 담당하지 못하고 단지 서울과 도시, 서울과 농촌을 연결시켜 주는 역할만 담당하고 있다.

## 버스

새로운 교통 수단으로 자동차가 처음 도입된 것은 1903년이었다. 초기의 자동차는 황실용으로 도입되어 고종의 전용차로 이용되었다. 그러나 일반 승객을 실어 나르는 영업용은 1912년 일본인이 승용차의 임대업을 한 것이 시초이다. 초기에는 택시와 버스의 구분이 모호했는데, 택시는 노선이 정해져 있지 않고 승객의 요구가 있으면 수시로 어느 곳이든 운행하는 차량으로 생각하고, 버스는 지정된 도로를 따라 움직이는 차로 간주했다.

초기에 버스 운행은 순조롭지 못했다. 왜냐하면 도로가 좁고 상태가 불량한데다가 요금이 비싸고 운전수가 부족했기 때문이다. 다행히 1920년에 도로가 정비되고 도로 폭이 확장되면서 버스 교통이 점차 일반화되었다. 초기의 버스는 승합버스라고 하는데 탑승 인원이 8명인 소형 차량이었다. 초기의 승합버스는 일정 노선에서 시간을 정하여 합승의 형태로 승객을 수송했다. 운행 지역은 전차가 다니지 않고 교통량이 많은 곳이었다. 최초로 운행된 버스는 서울이 아니라 대구-경주-포항 간의 도시간 버스였다. 이후 사리원-해주, 평양-진남포, 진남포-광량만, 신의주-의주, 천안-온양, 김천-상주, 공주-조치원-청주 등 전국으로 확산되어 철도와 더불어 현대 교통 기관으로 중요한 위치를 차지하게 되었다.

도시 인구의 증가로 교통 수요는 늘었으나 민간 기업의 참여가 없자 총독부는 1928년 관영 버스인 부영(府營)버스를 운영했다. 승합자동차가 버스라는 이름으로 불리게 된 것도 1928년 부영버스가 운행된 이후부터이다. 탑승 인원은 모두 12명으로 초기의 운행 노선은 서울역을 기점으로 4개가 있었으며, 러시아워용과 임시 운송용의 2개로 나뉘어 운행되었다. 임시 운송선은 벚꽃 개화기나 운동시합 때 창경원과 서울운동장 등에 배치되어 시민들이 편리하게 이용토록 했고 러시아워선은 출퇴근용으로 9~12시, 17시~20시 사이에 주거지와 행정 중심지 간을 운행했다. 1930년에는 전차와의 과열 경쟁으로 버스 영업이 부진해져 파산에 이르자 전차는 시내, 버스는 시외를 운행케 했다. 뒤이어 1933년에는 자동차사업법을 제정하여 자동차 교통 발달을 촉진하고자 했다. 1930년대 서울에 있었던 버스로 유람승합자동차(遊覽乘合自動車)가 있는데 이것은 관광버스를 말한다. 이 관광버스는 16인승 버스로 오전 8시, 오후 1시에 1일 2회에 걸쳐 운행되었다. 회사 앞에서 출발하여 조선 신궁, 창경궁, 장충단, 경복궁 등 14개 관광지를 4시간에 걸쳐 돌았다. 광

부영버스

복 이후 한동안 운행되지 못하다가 1980년 이후 서울의 관광객이 늘어나면서 관광회사에서 소규모로 관광버스를 운행했다.

태평양전쟁의 발발로 휘발유가 모자라 버스의 운행이 어렵게 되자 이를 극복하기 위해 1939년에는 목탄차와 카바이드차 등이 개발·운행되었다 그런데 목탄차는 목탄 한 부대로 60리를 달릴 수 있었으나 고갯길이나 빗길에는 운행이 어려워 자동차로서의 기능을 다하지 못했고 카바이드차는 카바이드를 싣고 다녀야 하는 불편함 때문에 자동차 산업은 사양길에 접어들었다

8·15 광복과 6·25전쟁을 거치면서 자동차 운행은 계속 감소하더니 휴전 후 군수용차가 민수용으로 전환되면서 자동차 산업

유람승합자동차

이 다시 활성화되어 1955년에는 차량 수가 973대로 증가했다. 인구의 계속적인 서울 집중으로 교통 수요가 늘어 서울시에서는 시영버스를 운영했는데 시영버스는 전차가 운행되지 않는 구간에 운행되었다. 시영버스는 군용 쓰리쿼터 또는 외국 중고차를 개조한 마이크로버스가 주류를 이뤘는데 운행 구간은 청량리-한강, 마포-돈암동 구간이었다. 1960년대 말에는 10만 명의 서울 시민이 시영버스를 이용했으나 도시 인구가 늘면서 교통 수요를 충족시키기에는 한계가 있어 정부는 버스 사업의 민영화를 단행하지 않을 수 없었다.

도시 교통을 분담하고 있는 시내버스는 1960년대 이전까지는 20인승의 마이크로버스였으나 교통 수요 증가로 38인승으로 개편되면서 버스는 본격적으로 시내 교통을 분담하게 되었다. 그 결과 1965년에는 서울의 버스가 1,300여 대로 증가했다. 1970년에는 도시 인구의 급증으로 버스가 3배로 증가했으며, 1980년 이후에도 계속 늘어 1991년에는 8,781대로 증가했다. 그러나 2000년 이후에는 자가용의 증가로 서서히 감소하고 있다.

## 택시

택시는 1912년에 처음으로 서울에 등장했으나 도로가 정비되지 않아 택시 운행에 많은 어려움이 많았다. 게다가 요금이 비싸고, 거리제 요금임에도 불구하고 미터기가 없어 운전수가 부르는 게 값이어서 승객과의 요금 시비가 자주 벌어져 인기를 끌지 못했다.

1926년 미터기가 개발되어 요금 시비가 사라지면서 택시 승객이 점차 늘어나기 시작했다. 그러나 1936년 중일전쟁으로 자동차가 군수용으로 수용되면서 택시 영업도 쇠퇴하기 시작했다. 택시가 등장한 지 40년이 지난 1945년에는 택시의 수가 718대가 되었다.

6·25전쟁 이후 서울에는 시발택시가 운행되었는데 시발택시는 1955년 설립된 시발자동차회사가 300대의 지프를 조립 생산·판매하여 운행하던 택시로 1956년부터 1960년대까지 운행되었다. 시발택시가 나오기 이전에는 미군에서 쓰던 지프를 개조하여 택시로 사용했는데 모양이 제각각이어서 택시로서의 역할을 다하지 못했다. 그러나 시발택시의 운행으로 한국 사회의 택시 문화가 새롭

1930년대 택시

시발택시

게 발전하기 시작했다. 또한 시발택시의 생산은 우리나라 자동차 산업 발달의 시초가 되었다.

일반적으로 택시는 회사 또는 공공 기관이 운영하는 게 통례였으나 택시의 서비스 향상과 자동차 운전자의 안전 운행을 위해 일정 기간 무사고 운전자에게 자동차 한 대를 개인이 운영할 것을 조건으로 하는 개인택시 면허제가 1956년부터 시작되었다. 개인택시는 처음에는 15년 이상 무사고 운전자에게 발급되었는데, 이후 면허 기준이 여러 번 바뀌었다. 특히 1978년에는 운전자 부족으로 버스 업계 운전자 확보를 위하여 개인택시 면허를 중지했고, 1980년에는 여성 운전자에게만 자동차 면허가 발급되기도 했다

인구의 도시 집중으로 인한 교통 수요의 증가, 자동차의 수입 증

가, 휘발유의 수입 자유화 등으로 1960년에는 택시가 3,000대로 늘어났다. 1960년대 이후 영업용 택시의 증감을 보면 1966년에는 전체 승용차의 47%가 택시였다. 1962년부터 시작된 경제개발의 성공으로 소득이 늘고 인구의 계속적인 증가로 택시의 수요가 늘어 1970년에는 택시 수가 1만 대로 늘었다. 특히 택시는 이용자의 욕구를 충족시켜 줄 수 있는 양질의 서비스, 안전 수송, 편리성 때문에 도시민과 가장 가까운 교통 수단으로서 효용가치가 컸다. 그러나 서울에서는 공급 부족으로 손님이 택시를 선택하는 것이 아니라 택시가 손님을 선택하는 상태가 되었다. 1970년 이후 국산차가 생산되기 시작하여 자가용의 가격이 싸지고 구입이 쉬워지면서 1976년에는 택시가 전체 승용차의 1/3로 감소했다. 그렇지만 계속적인 경제 수준의 향상, 관광 레저의 붐으로 택시의 수요도 늘면서 1980년에는 택시의 수가 3만 대로 늘었다.

개인택시

경제의 급속한 성장과 더불어 택시는 언제 어디서나 자유롭게 이용할 수 있는 교통 수단으로서 그 중요성이 해를 거듭할수록 증대되었다. 특히 1988년 서울올림픽을 계기로 중형 택시가 운행되었는데, 국민 체위는 향상되었음에 비해 당시 운행되고 있던 택시는 거의 다 소형이라 국민 이용이 불편하여 도입된 제도이다. 중형 택시는 배기량 1500cc 이상의 택시로, 2000년 당시 중형 택시는 4,876대가 운행되고 있었다.

1990년에는 택시가 두 배로 늘어났다. 그 후 자가용의 계속적인 증가로 택시의 수가 감소하여 1990년 이후 택시는 전체 승용차의 10% 이하로 줄더니 1997년 IMF로 경기가 침체하고 택시 수요가 줄어 2000년에는 택시가 7만 대에 불과했다. 2000년 이후 경기가 점차 회복되면서 자가용이 계속 증가하고, 이로 인한 교통 체증은 택시의 수익성을 떨어뜨려 택시는 감소일로에 있다. 2000년에는 택시가 승용차의 3% 이하로 줄었다.

## 2. 교통 시대

하나의 지역사회에는 그 사회를 주도하는 주도 산업이 있는데 주도 산업은 시대별 · 지역별로 다르다. 그리고 주도 산업이 무엇인가에 따라 주도 교통 기관이 바뀌게 된다. 반대로 새로운 교통 기관이 도입되면 주도 산업도 바뀐다. 따라서 새로운 교통 기관이 언제 도입되었는가 하는 문제는 국가의 산업 발전과 직결되므로 많은 사람들이 관심을 갖고 있다.

새로운 교통 기관이 언제 들어오고 언제 없어졌는지, 그리고 주도적인 교통 기관은 무엇인지를 찾아보는 것은 쉬운 일이 아니다. 새로운 교통 기관의 등장은 교통 수단별 분담률, 교통 수단별 이동 거리, 차량 대수, 여객수, 교통 인구 등과 밀접한 관계를 갖고 있다. 그러나 교통 수단별 이동 거리는 인력거와 같이 계산하기 어렵거나, 택시나 버스와 같이 서로 비교하기 곤란한 것도 있다. 그리고 차량별 여객수를 보면 인력거는 승객수가 1명인 데 반해 택시는 4명, 역마차는 11명, 버스는 37명이다. 다시 말해서 차량 대수가 많다고 해서 반드시 수송 승객수가 많아야 할 것인가에는 의문이 제기된다. 따라서 교통 수단별 도입 시기, 차량의 퇴장 시기, 교통 수단별 차량 대수, 교통 수단별 수송 여객 수, 교통 수단별 수송 분담률 등을 중심으로 교통 시대를 살펴보는 게 합리적일 것이다.

그리고 교통 시대를 구분할 때 교통 시대의 전환점을 중심으로 구분하는 것도 합리적일 것이다. 예를 들면 아이사드(W. Isard)는 교통량의 상승 곡선과 하강 곡선의 교차점을 전환 시대로 잡은 바 있으며, 보셔트(M. Borchert)는 증가량이 최대가 되는 시기를 전환점으로 잡았다. 그러나 우리나라의 경우는 8 · 15 해방과 6 · 25전쟁과 같은 정치 · 사회적 혼란을 거치면서 통계의 연속성이 결여되어 이를 일반화시키기 어렵다. 우리나라에서는 대중 교통인 철도, 지하철, 버스의 증가율을 5년 단위로 측정하여 이를 도표화할 경우 교통 시대 구분이 비교적 명확해질 것으로 사료되어 차량의 증가율 이외에 1일 승객수의 증가율을 기초로 교통 시대를 구분했다.

교통 시대를 보면 우마차와 전차의 증가율이 교차되는 1940년을

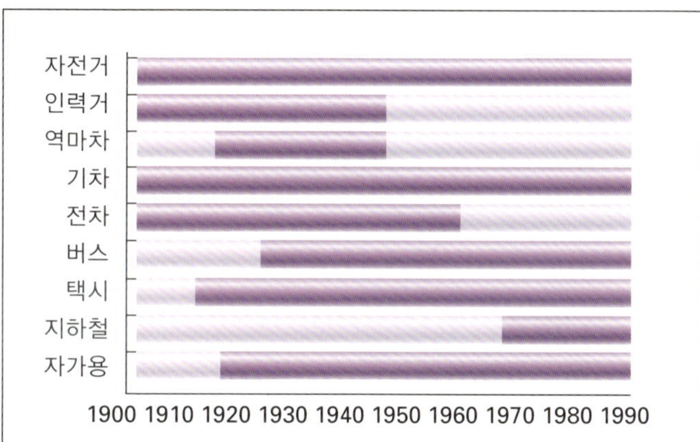


교통 기관별 이용 시기

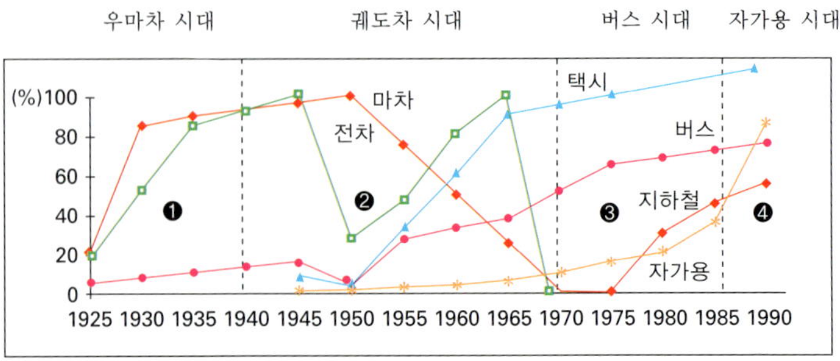


교통 시대 구분

중심으로 전기를 우마차 시대, 후기를 궤도차 시대라고 명명한다. 그리고 1968년 전차가 없어지고 버스의 전용 시대가 도래하여 1970년을 전후하여 우리는 버스 시대를 맞이하게 되었다. 다시 말해서 1970년을 기점으로 우리는 궤도차 시대를 지나 자동차 시대를 맞이하게 되었다. 한편 1974년 지하철이 개통된 이래 지하철이 크게 각광을 받는 듯했으나 1980년대에 들어 소득이 높아지면서 사람들은 대중 교통보다 개인 교통을 더욱 선호하게 되었다. 특히 서울올림픽을 기점으로 자가용이 급증했다. 따라서 1985년을 전후하여 전기를 버스 전용 시대, 후기를 자가용 전용 시대라 부른다.

## 3. 교통로

교통로는 교통 기관이 움직일 수 있는 통로를 말하는데, 육상 교통이 움직일 수 있는 도로와 궤도차나 기차가 움직일 수 있는 철로 등이 있다. 교통로는 옛날에는 폭도 좁고 단순했으나 교통 기관의 발달로 폭과 길이는 물론 기능도 다양해졌다.

### 도로

우리나라에서 근대 교통의 발달은 도로 교통에서 찾아야 할 것이다. 전국 규모의 도로 교통은 고려 시대 이후 정비되기 시작했는데 처음에는 수도인 개경과 가장 가까운 지역 간의 교류를 위해 도로가 개수되기 시작했고, 후에 도로망이 전국으로 확대 · 개편되었다. 뒤이어 조선 시대에는 수도가 개경에서 한양으로 바뀜에 따라 한양을 중심으로 한 도로망이 개축되었다. 근대에 들어서면 자동차라는 새로운 교통 기관의 출현으로 치도 사업이 더욱 활발해졌다.

고려 시대 도로망

## 고려 시대의 도로

우리나라에서 도로가 언제부터 발달했는지는 기록상 나타나 있지 않기 때문에 정확히 알 수 없다. 그러나 고려 시대에 들어오면서 중앙집권적인 관료제가 확립되고 지방 제도를 정비하여 주(州), 부(府), 군(郡), 현(縣) 등에 525개의 참역을 두었다. 역은 그 중요성에 따라 대·중·소로 등급을 나누고 역과 역 사이에는 이를 연결시키기 위해 22개의 역도(驛道)를 두었는데 역도가 도로망 발달에 크게 기여했다.

고려 시대의 도로는 개성 중심의 도로망을 가지고 있는데 모두 22개의 역도가 있었다.

- 산예도(狻猊道) : 개성(開城)으로부터 황해도 서남 해안을 따라 해주(海州)·옹진(甕津)에 이르는 도로로 모두 10개의 역이 있었다.
- 금교도(金郊道) : 개성으로부터 황해도 중부를 거쳐 곡산(谷山)에 이르는 도로로 16개의 역이 있었다.
- 파령도(巴嶺道) : 자비령으로부터 황해도 북부의 황주(黃州)·중화(中和)를 거쳐 평양에 이르는 도로로 모두 11개의 역이 있었다.
- 흥교도(興郊道) : 평안남도 영변(寧邊)으로부터 박천(博川)·순안(順安)·평양을 거쳐 용강(龍岡)에 이르는 도로로 모두 12개의 역이 있었다.
- 흥화도(興化道) : 평안북도 서해안으로부터 의주(義州)를 거쳐

삭주(削州) · 안주(安州)에 이르는 도로로 모두 29개의 역이 있었다.

· 운중도(雲中道) : 평양으로부터 동북부의 순천(順川) · 개천(价川) · 운산(雲山)을 거쳐 창성(昌城)에 이르는 도로와 희천(熙川) · 맹산(孟山)을 거쳐 원산(元山)에 이르는 도로로 43개의 역이 있었다.

· 도원도(桃源道) : 개성으로부터 장단(長湍) · 철원(鐵原) · 평강(平康) · 회양(淮陽)에 이르는 도로로 모두 21개의 역이 있었다.

· 삭방도(朔方道) : 안변(安邊)을 중심으로 함북의 영흥(永興), 그리고 강원도의 간성(干城)에 이르는 도로로 모두 42개의 역이 있었다.

· 청교도(靑郊道) : 개성으로부터 장단(長湍) · 파주(坡州) · 고양(高陽) · 양주(陽州)를 거쳐 서울에 이르는 도로로 모두 15개의 역이 있었다.

· 춘주도(春州道) : 춘천(春川)으로부터 가평(加平) · 포천(浦川) · 양주(陽州)를 거쳐 서울에 이르는 도로와 춘천에서 남쪽으로 홍천(洪川)을 거쳐 횡성(橫城)에 이르는 도로로 모두 24개의 역이 있었다.

· 평구도(平丘道) : 서울에서 동남쪽으로 여주(驪州) · 원주(原州) · 충주(忠州) · 제천(堤川) · 영월(寧越)에 이르는 도로와 제천에서 영천 · 봉화(奉化)에 이르는 도로로 모두 30개의 역이 있었다.

· 명주도(溟州道) : 강릉(江陵)을 중심으로 북으로 양양(襄陽) · 남으로 삼척(三陟) · 울진(蔚珍)에 이르는 도로로 모두 28개의 역이 있었다.

· 광주도(廣州道) : 서울에서 과천(果川)을 지나 이천(利川) · 여주(麗州) · 충주(忠州) · 연풍(延豊)에 이르는 도로로 모두 15개의 역이 있었다.

· 충청주도(忠淸州道) : 수원(水原)을 거쳐 전의(全義) · 공주(公州) · 부여(扶餘)에 이르는 도로와 수원을 거쳐 진천(鎭川) · 청주(淸州) · 문의(文義)에 이르는 도로와 아산(牙山) · 예산(禮山) · 홍천(洪川) · 해미(海美)에 이르는 도로로 모두 34개의 역이 있었다.

· 전공주도(全公州道) : 전주(全州)를 중심으로 공주(公州)에 이르는 도로로 모두 21개의 역이 있었다.

· 승라주도(昇羅州道) : 나주(羅州)를 중심으로 전라남도에 분포한 도로로 모두 30개의 역이 있었다.

· 산남도(山南道) : 전주에서 진안(鎭安)을 거쳐 거창(居昌) · 합천(陜川) · 진주(晋州)에 이르는 도로와 진주 중심의 도로로 모두 28개의 역이 있었다.

· 남원도(南原道) : 남원(南原)을 중심으로 북쪽으로는 임실(任實), 남쪽으로는 구례(求禮), 곡성(谷城)을 거쳐 순천에 이르는 도로로 모두 12개의 역이 있었다.

· 경주도(慶州道) : 경주(慶州)를 중심으로 영천(永川)을 거쳐 대

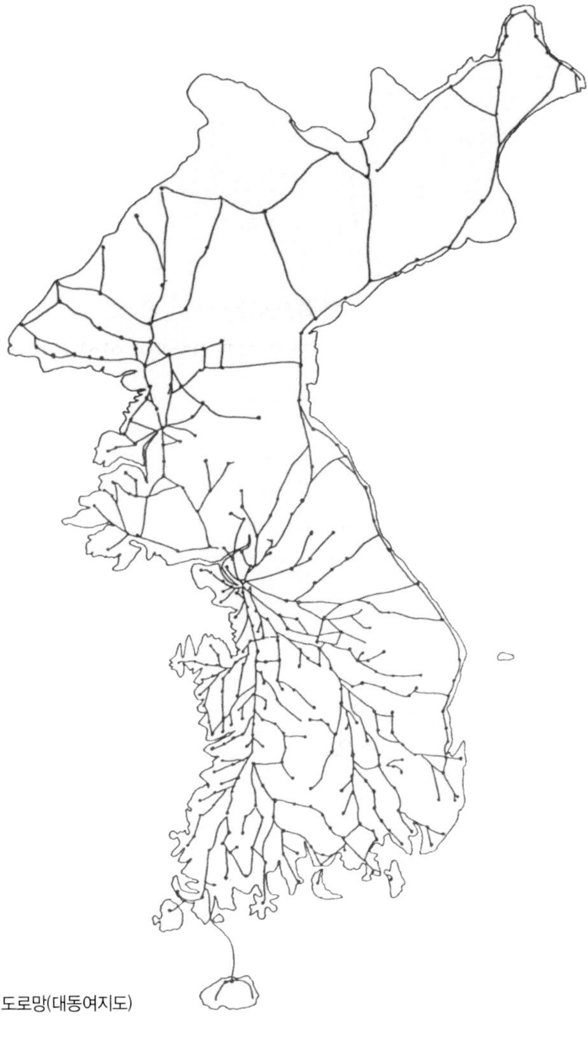

조선 시대 도로망(대동여지도)

구(大邱)에 이르는 도로와 경주에서 영덕(永德)·평해(平海)에 이르는 도로로 모두 23개의 역이 있었다.

· 금주도(金州道) : 김해(金海)를 중심으로 북부의 밀양(密陽)·청도(淸道)와 동부의 언양(言陽)·울산(蔚山)에 이르는 도로로 모두 31개의 역이 있었다.

· 상주도(尙州道) : 상주(尙州)를 중심으로 남쪽으로는 선산(善山), 북쪽으로는 예천(禮泉)·문경(門慶)에 이르는 도로로 모두 25개의 역이 있었다.

· 경산부도(京山府道) : 성주(星州)를 중심으로 북쪽으로 김천(金泉)·영동(永東)·옥천(玉泉)에 이르는 도로와 상주를 거쳐 보은(報恩)에 이르는 도로로 모두 25개의 역이 있었다.

### 조선 시대의 도로

개성에서 한양으로 수도를 옮긴 조선은 초기에는 고려의 도로 관련 제도를 그대로 계승했으나, 왕권이 강화되고 중앙집권제가 확립됨에 따라 개성 중심의 도로를 서울 중심의 도로로 개편했다.

조선 시대의 도로는 전국 각지에서 공부(貢賦)를 상납하고 부역노동을 제공할 뿐 아니라, 왕실을 수호하는 수단으로도 이용되었다. 전자에 해당하는 것으로 역원로(驛原路)가 있고, 후자에 해당하는 것으로 봉수로(烽燧路)가 있다.

조선 시대 도로는 도성내 도로(都城內道路)와 외방 도로(外方道

路)로 나뉜다. 도성내 도로는 한성부 내의 도로로서 도로의 폭에 따라 대로 56尺(17.48m), 중로 16尺(5m), 소로 11尺(3.43m)으로 정하고, 도로 양쪽에는 넓이 2尺(0.62m)의 도랑을 파놓았다. 그리고 외방 도로는 원점을 창덕궁 돈화문에 두고 돈화문의 성문으로부터 전국 각지로 뻗어나갔다. 외방 도로의 거리 표시는 주척(周尺)을 사용했는데 6자[尺]를 1보(步), 360보를 1리, 30리를 1식(息)이라고 불렀다. 또 지역 간의 거리를 쉽게 식별하기 위해 10리마다 소후(小堠), 30리마다 대후라는 이정표를 세웠다. 그리고 여행자의 편의를 위해 5리마다 정자를 세워 오리정(五里亭)이라 명명하고, 30리마다 느릅나무와 버드나무를 심어 여행자의 편의를 도모했다. 외방 도로의 도로폭은 도성내 도로만큼 구분이 명확하지 않으나 서울을 중심으로 개성 · 회양 · 성주 · 전주를 잇는 지역 내에서는 대 · 중 · 소로 크기를 구분했고 나머지는 전부 소로였다. 그러나 왕권이 튼튼해지고 청(淸) · 일(日) 등과의 교류가 활발해짐에 따라 북부 및 남부 지방까지 중로(中路)가 확대되었다.

조선 전기에 비해 후기에는 9개의 간선 도로를 개설하고 도로에 이름까지 붙였는데 『증보문헌비고』에 나타난 조선의 간선 도로는 서울–의주로(義州路), 서울–경흥로(慶興路), 서울–부산로(釜山路), 서울–통영로(通營路), 서울–제주로(濟州路), 서울–충청수영로(忠淸水營路), 서울–강화로(江華路) 등이다.

갑오경장 이후 도로가 체계화되고 근대화되기 시작했는데, 초기의 도로 사업 중 특색 있는 것은 한성부 내의 도로에 관한 규정을 법제화시킨 일이었다. 이것은 도성 내의 무질서한 상가를 정리 · 규제하려는 의도로 시작했으나 후에는 외방 도로에까지 확대했다.

을사보호조약 이후 일제는 식민지 정책을 강화하기 위한 첫 단계로서 본국과의 교통 편의를 위해 도로 개수 사업에 착수했다. 당시의 도로 개수 사업은 주로 내륙과 항구를 연결하는 도로와 농산물 · 광산물 · 임산물 등 자원이 풍부한 지역의 지방 도로를 개수하는 데 치중했다. 이를 위해 1906년에는 치도국(治道局)을 신설하여 도로 개수 업무를 관장케 하고, 1907년부터 진남포(鎭南浦)-평양(平壤), 목포(木浦)-광주(光州), 군산(群山)-전주(全州), 대구(大邱)-경주(慶州) 간의 총연장 255.9km를 개수했다. 이들 도로는 노폭 6~7m로 도로 양쪽에는 1m의 도랑을 두었고 도랑 안쪽에 가로수를 심었다. 이때 개수된 도로를 신작로라고 불렀다.

1908년에는 공주(公州)-소정리(少井里), 수원(水原)-이천(利川), 신마산(新馬山)-진주(晋州), 해주(海州)-용당포(龍堂浦), 신안주(新安州)-영변(寧邊), 신의주(新義州)-마전동(麻田洞), 황주(黃州) 읍내-정거장 간 총 197.7km를 개수했다. 이후에는 도로 개수를 연차적으로 실시했다(1907~1911년).

### 일제 강점기의 도로

인구가 늘고 도시가 성장하면서 지역 간의 교류가 활발해지자 국가는 서둘러 도로 정비에 나섰다. 일제 강점기 도로의 특징은 역참제가 폐지되고 신작로와 같이 새로운 도로가 개수되기 시작했다는 것이며, 도로를 이용하는 교통 수단이 수레나 달구지에서 자동차로 바뀌었다는 것이다.

한일합방 당시의 조선의 간선 도로 상황을 보면 1등 도로는 16개

한일합방 당시 조선의 간선 도로

선으로 총연장이 313.6km에 달하고, 2등 도로는 73개 노선으로 9,270km, 3등 도로는 486개 노선으로 12,841km에 달했다.

일제는 조선을 합병(1910년)한 후 식민지 지배 체제를 확립하기 위해 철도 · 도로 · 항만 등의 시설을 자국의 정책에 맞도록 정비해 나갔다. 1911년 도로법을 제정 · 공포하여 종래에 쓰던 대로 · 중로 · 소로 등을 폐지하고, 도로를 1등 · 2등 · 3등 · 등외로 나누고 1등 도로는 노폭 4간(7.3m), 2등 도로는 3간(5.5m), 3등 도로는 2간(3.6m)으로 규정했다.

그리고 제1차 치도 사업을 시작했는데 1912년까지 490.9km의 도로를 개수했으며 뒤이어 1913년에 663km, 1914년에 536km, 1915년에 479.8km, 1916년에 315.7km, 마지막 해인 1917년에는 203.8km로 총연장 2,690km를 정리 · 보수했다.

정부는 1917년부터 1922년까지 제2차 치도 사업을 실시했는데 이 기간 중에 제1차 세계대전이 일어나 경제가 침체하여 치도 사업에 큰 차질이 생겨 목표 연도(1922년)까지 1,011.6km를 보수하고 나머지는 1938년까지 계속 사업으로 미루었다. 제2차 치도 사업 기간에 있었던 중요 사업은 서울의 시가지 개수, 한강교의 건설, 그리고 제1 · 2등급 도로망 가운데 교통 · 경제상 중요한 도로 26개 노선 1,880km의 개축 등이었다.

만주사변(1931년) 이후 대륙 침략을 목적으로 북선 척식 도로(北鮮拓殖道路), 국방 도로, 국경 도로 등을 개설 및 개수했는데 북선 척식 도로는 북부 지방의 자원 개발을 목적으로 개설한 2 · 3등 도로로 총연장 438km이다(1932~1938년). 국경 도로는 중국과의 국경 지역에 개설한 신의주-혜산진, 만포-자성, 창성-초산 간의 도로로 1938년에 완성되었다. 국방 도로는 함경남북도 지방에 개설된 도로를 말하는데 4개년 계획으로 1937년부터 개수하기 시작했다.

지금까지는 도로에 관한 법규를 필요에 따라 수시로 개정했으나 지가 상승, 토지의 사유화 등으로 도로를 법제화할 필요가 생겨 1938년 조선 도로령을 제정 · 공포했다. 조선 도로령에서는 당시 사용하던 도로의 등급을 국도(國道), 지방도(地方道), 부도(府道), 읍면도(邑面道) 등 4종으로 구분했다. 일제의 대륙 침략이 강화되면서 군수물자의 수송 또는 자원 약탈의 보조 수단으로 도로의 비중이 점차 커져, 1941년에는 철도 · 도로 · 항만 등을 모두 군용으로 바꾸었다. 따라서 비군사용 도로의 개수 또는 개축은 계획조차 하지 못하고 오직 현상 유지에만 급급했다.

## 현대의 도로

현대 도로의 특징은 일반 도로에서 자동차 전용 도로로 바뀌었다는 것이다. 그리고 도로는 지역 간의 교류뿐 아니라 접근성을 높여 산업 발달을 촉진시키기 위해 건설했다는 것이다. 광복 후 정부는 도로를 국도, 시군도, 지방도 등으로 바꾸고 이재민 구호를 목적으로 소도시를 중심으로 한 도로 개선과 개축에 노력했다. 그러나 1970년 이후는 고속도로의 개발과 도로의 포장에 전력했다.

광복 당시의 도로 총연장은 27,000km에 달했으며 1961년에는 도로를 국도 1 · 2급, 특별시도, 시군도, 지방도 등으로 나누고 국도의 포장, 산업 도로의 신설 및 포장에 힘썼다. 그리고 1968년에는 경인고속도로를 완공하고 국도를 1 · 2급에서 고속 국도, 일반 국도 등으로 개칭했다. 1970년에는 428km에 달하는 경부고속도로가 건설되고 도로 포장률이 15%에 달했다.

1971년에는 목포에서 신의주까지 연결하는 1호선을 비롯하여 제주-순천을 연결하는 95호선 등 지금까지의 노선을 수정하여 59개 노선을 지정 · 공포했다. 당시 도로 연장은 40,000km에 이르렀다. 1972년에는 호남고속도로(대전-순천 간 251.8km)가 개통되어 전국이 1일 생활권이 되었다. 1973년에는 영동고속도로 신갈-새말 간 공사를 시작하여 1975년에 인천-강릉까지 234km를 완성했다. 그리고 남해고속도로 부산-순천 간이 완공되고 뒤이어 무안까지 348.8km가 개통되었다. 1975년에는 동해고속도로(강릉-동해)가 개통되어 동해안 지역의 관광 개발에 크게 기여하게 되었다. 1977년에는 남부 내륙 지역 개발을 위해 구마선(대구-마산 84.2km)이 개통되었다. 이로써 고속 국도의 길이가 1,200km를 넘었다. 1980년대에는 도로 개발을 활성화하기 위해 지방도 3,868km를 국도로 지정하고 도로 포장에 힘써 1980년대 중반에는 도로 포장률이 35%에 이르렀으며 국도 포장은 70% 수준에 이르렀다. 1984년에는 영호남의 원활한 교류를 위하여 88고속도로(무안-대구 175.3km)를 개통했다. 그리고 수도권 지역의 교통난을 해소하고 중부 지방의 개발을 촉진하기 위해 중부고속도로(하남-통영 123.6km)를 개통하고, 경부고속도로 서울-수원 구간을 6차선으로, 그리고 호남선을 4차선으로 확장하기도 했다.

1990년대에는 고속 국도의 연장이 1,500km에 이르고 도로의 직선화, 수도권 지역의 도로의 신설 등으로 도로 연장이 56,000km로 늘었다. 1991년에는 수도권의 교통난 해소를 위하여 신갈-안산

도로의 변천

소로

신작로

시가도

국도

고속화도로(자유로)

(23.2km), 판교-구리(23.5km) 간을 개통하고 경부고속도로의 서울-신갈 간과 경인고속도로의 일부를 8차선으로, 그리고 교통난이 심한 영동고속도로 신갈-소사까지를 4차선으로 확장했다. 1995년에는 중부내륙지방 개발을 위해 중앙고속도로(대구-춘천 296.6km)를 개통했다. 2000년 이후에는 중부내륙고속도로(양평-마산), 서해안고속도로(서울-무안 341km), 민자고속도로(천안-논산 82km), 대구-부산고속도로(80.2km)와 공항고속도로(고양-인천 36.8km) 등이 개통되었다.

## 철도

19세기 말에 서구 열강들과 일본은 우리나라 자원을 개발하고 조선을 조차하기 위해 치열한 다툼을 벌였는데, 그들의 주요 관심사의 하나가 철도 개발이었다. 철도는 국가에서 개발한 국철과 기업체가 개발한 사철로 나눈다. 그리고 철도는 철로의 폭이 넓은 광궤, 표준궤, 좁은 협궤 등으로 구분한다. 우리나라에는 과거에 수인선, 수여선 등 협궤열차가 운행되었으나 1980년대에 모두 사라졌다.

### 국철

국철은 국가가 개발한 철도로 개발뿐 아니라 관리 · 운영까지도 국가가 전담하는 것을 말한다. 철도 사업은 많은 예산과 고도의 기술이 필요하여 우리나라에서 초기 철도는 국철이 주류를 이루었다.

**협궤열차** 군자역 부근, 1980년대

후에 사철이 늘어나면서 사철과 국철 간에 문제점이 발생하면서 사철이 점차 국유화되었다.

우리나라 철도의 효시는 1899년 9월 18일에 개통된 노량진-제물포 간의 경인선(33.2km)이다. 그러나 그 이전부터 철도 건설에 관심을 가진 정부는 철도 부설을 위해 1894년에 농공상부에 철도국을 설치했고, 1896년 3월 29일에 경인철도 부설권을 미국인 모스에게 주었다. 그러나 대륙 진출의 야망을 가진 일본은 청일전쟁과 러일전쟁에서 승리한 후 1894년 8월 20일에 강압적으로 체결한 청일강화조약을 들어 경인철도 부설권을 일본에 양도하도록 압력을 행사했고, 결국 경인철도 부설권은 1898년 5월 10일 일본에 양도되었다. 이후 프랑스인에게 허가되었던 경의선 부설권도 일본에 양도되었다. 그리고 정부는 1889년에 궁 내부에 철도국을 설치하

경인선 개통식

여 철도 건설에 착수했다.

1900년 7월 5일에 한강 철교가 준공되어 경인선의 시발점이 노령진에서 서울로 이전되었으며, 1901년에는 경부선 철도 건설에 착수하여 5년 만에 경부선이 개통 · 운행되었다. 그리고 1904년에는 경의선 건설에 착수했는데 경의선은 군용 철도로 한국 주재 일본군 사령부에서 관리했다. 또한 임진강 철교 · 대동강 철교를 건설했으며, 뒤이어 낙동강 철교가 준공되어 1906년에는 부산에서 신의주까지 철도가 운행되었다.

아울러 지금까지 군 관할 하에 있던 경의선 · 만포선 운영권을 통감부 철도관리국이 관리토록 하고, 통감부 관리국은 철도청으로 승격되었다. 같은 해 12월에는 한국 철도가 일본 철도원에 이관되었다. 그리고 만주 · 안동과의 여객 및 화물 수송을 계기로 국제 철도가 운행되기 시작했다. 1908년에는 부산-신의주 간의 직통 급행 열차도 운행되었다. 1910년 한일합방으로 총독부가 설치됨에 따라 조선 철도관리국이 조선총독부 철도국으로 이관되었으며, 뒤이어 호남선 · 경원선 부설에 착수했다. 1912년에는 부산-장춘(만주) 간의 직통 열차 대륙호가 운행되었으며, 1913년에는 조선 철도가 시베리아를 경유하여 유럽의 주요 도시 간에 여객 및 소화물의 운송을 시작했다. 그리고 함경도 지방의 자원 개발을 위해 함경선 부설에 착수했으며 1915년에는 철도 연장이 1,619km에 달했다.

철도 업무가 계속 늘어나자 조선 총독부는 지금까지 조선 총독부에서 관리하던 조선 철도 관리권을 1917년 7월에 남만주 철도주식회사에 위임했다. 그리고 만철에서는 서울에 경성 철도관리국을 두어 만철의 운영을 위임했다. 뒤이어 조선 총독부는 관방철도국으로 개편했다가 1919년 8월 관방철도부로 개칭했고, 1923년에는 다시 경성철도국으로 개칭했다. 그 후 1925년 4월에 정부는 남만주 철도주식회사의 철도 업무 위임 경영을 해제하고 조선 총독부 직영으로 환원하여 조선총독부 철도국으로 개편했다.

북부 지방 개발을 위해 1932년에는 백무선(백암-무산) 건설에 착수했고, 1933년에 부산-봉천 간의 국제특급열차 히까리가 운행되었으며, 서울-웅기 간의 철도가 운행되었다. 1934년에는 동해남부선(부산진-해운대)의 영업을 시작했고, 부선-봉천 간에 직통 열차 노조미호가 운행되었다. 그리고 나진-웅기 간의 철도 개설로 서울-나진 간의 열차가 운행되기 시작했다. 1936년에는 사철인 광주-여수 간을 매수하고, 중앙선 부설에 착수했다. 또한 사철인 동해남부선(울산-경주)을 국철화한 후 부산까지 연장시켰다. 경전북부선을 전라선이라 개칭하고, 전주-순천선이 개통되어 전라선은 이리-여수까지 연장 · 운행되었다. 동해 북부선인 간성-양양 간이 개통되어 안변-양양 간이 완전 개통되었다. 1938년에는 동해중부선(대구-영천)이 영업을 개시했고, 석탄 개발을 위해 아오지-회담면선이 개통되었으며, 대구-영천 간을 대구선, 영천-경주 간을 경경남부선이라 불렀다. 1939년에는 경경북부선(서울-양평)이 영업을 시작했고, 영천-대구 간의 광궤 철도가 준공되어 대구-경주-부산 간의 철도 영업을 시작했다.

또한 경부선의 서울-대전 간이 복선화되었으며, 경춘선(서울-춘천)이 개통되어 서울과 중부 내륙이 철도로 연결되었다. 석탄 자원 개발을 위해 삼림 철도인 평북선 정주-청수 간 및 부령-수풍 간의 철도가 개통되었고, 대륙 진출이 활발해지자 부산-북경 간의 왕복 열차를 증설하고, 부산-북경 간의 특급 열차를 대륙호로 명명했다. 그리고 경전선의 지선인 담양-금지 간의 건설 공사를 시작했다.

북부 지방 개발을 위해 신의주-다사도 간의 철도를 개통했으며, 1940년에는 사철인 경부선 김천-안동 간을 매수하고, 경경남부선 우보-안동 간의 영업을 시작했다. 경경북부선 양평-원주 간이 개통되었고, 삼척선 묵호-도계 간과, 석탄 개발을 위해 용문선(어룡-용문)이 영업을 시작했다. 그리고 북방 진출을 위해 경의선 복선에 착수하여 서울-물개 간이 운행되었다. 1943년에는 철도국을 교통국으로 개편했다. 철도 개통 당시에는 증기기관차 4량, 객차 6량, 화차 28량, 도합 38량으로 영업을 시작했으나, 1945년 8월 15일 당시에는 운행 거리 6,362km, 기관차 1,166대, 객차 2,027량, 화차 15,325량, 역 수 762개, 종업원 100,527명이 되었다.

광복 후 철도개발계획을 세워 1949년에는 영암선(영주-철암)·영월선·함백선(제천-영월) 건설에 착수했으나 6·25전쟁으로 중단되었다가 영암선은 1955년에 개통했고 뒤이어 영월선이 개통되었다. 이들 철도는 태백산 지역 광산 자원 개발을 위한 것이었다. 이 밖에 문경선·함백선 등을 개발하기 시작했다. 1959년에는 우리나라 최초로 객차가 생산되었고, 디젤 기관차를 도입하여 철도 현대화에 힘썼다. 그리고 수도권 지역의 석탄 수송을 위해 오류동선과 주안선이 개통되었고, 수도권 지역의 인구 분산을 위해 능의선 공사에 착수했다. 또한 관광객 유치를 위해 서울-온양 간 허니문 철도가 운행되었고, 1961년에는 여자 판매원이 열차에 등장했으며, 여름철에 선풍기 달린 기차가 운행되었다.

한편 북한은 전쟁으로 파괴된 철도를 복원하고 석탄 자원을 개발하고자 1954년에서 1957년 사이에 덕천선, 운산선(금산-운산)과 백두산선의 일부를 개통했다. 그리고 1957년에 시작된 5개년 인민경제계획 기간에 황해 청년선(해주-하성)을 광궤화했다. 또한 청년 이천선(평산-지하리)을 개통하여 동서간의 소통을 가능케 했다. 석탄과 광산 개발을 위해 평덕선(대동강-미림), 만덕선(허천-만덕), 고참탄광선(고참-신명천), 류소선(류소-대동강), 득장선(북창-석산)을 개설하고, 철광석 수송을 위해 함북선(수성-고무산)을 복선화했다. 그리고 1956년에는 양덕-천성, 1958년에는 천성-고원, 양덕-신성천, 1960년에는 길주-용반 간의 전기 철도 공사를 완성했다.

우리나라에서는 1962년부터 시작된 경제개발계획의 하나로 자원 개발을 위해 정선선과 경북선을 건설했고, 지역사회 발전을 위해 동해 북부선, 교외선과 망우선을 개통했다. 1964년에는 영호남의 교통 소통을 위해 경전선(진주–순천)이 개통되었다. 1967년에는 서해안선(김제–학교), 충남선(부여–논산)이, 1968년에는 진주선(진주–삼랑진), 광주선(송정리–순천)을 경전선에 통합시켰다. 그리고 철도 근대화의 하나로 ABS · CTS · 열차 무선전화 · 승차권 자동발매기가 설치되었다. 그리고 태백산 지역의 산업 철도를 전철화하기 시작했다.

한편 북한은 1960년대 들어 7개년 인민경제계획 하에 평라선(성진–나진), 청년 이천선(사하리–이천), 용강선(용강–마영), 평남 대안선(강서–평남대안), 동포선(종성–동포), 상평선(강안리–상평), 세천선(신하포–세천), 평라선(간리–동북리), 운봉선(자강도 삼강–운봉)을 신설했다. 그리고 북성선(신북성–북성), 평남선(귀성–평남 온천), 운봉선(만포–자강도 삼강)을 복구하고, 무산선(고무산–신참)을 복선화했으며, 은산선(은파–신천)을 광궤 철도로 바꾸었다. 한편 철도의 효율성을 높이기 위해 철도의 전철화에 많은 투자를 했는데, 1961년에는 평라선의 김책–길주 간과 평의선(평양–신의주)을, 1964년에는 평양 조차장선(조차장–서포), 화성선(서포–어은), 고원탄광선(둔전–상동), 강덕선(남강덕–수성), 송평선(송평–강덕), 청진 조차장선(강덕–송곡) 등을 전기 철도로 바꾸었다.

우리나라에서 1970년대는 철도에 큰 변화가 시작된 해로, 특히 고속도로의 개통으로 여객 수송 면에서 철도의 경쟁력이 떨어지기 시작했다. 경쟁력 제고를 위한 방법으로 서울–진주–순천–이리–서울의 순환 열차, 서울–대전, 부산–대구 간에 특급 열차를 운행했다. 그리고 늘어나는 재정 적자를 메우기 위해 수여선(수원–여주)을 폐

두만강 철교, 2000년

쇄했다. 한편 1973년에는 강원 지역의 산업 개발을 위해 중앙선과 고한선을 전철화하고, 수도권 지역의 교통난 해소를 위해 서울-수원선, 서울-인천선 등을 전철화하였다. 1978년에는 호남선 일부(서대전-이리)를 복선화하고, 1981년에는 호남선 나머지 구간의 복선화 공사를 시작했으며, 서울-수원 간의 복복선이 개통되어 수도권 지역의 교통난 해소에 도움을 주었다.

한편 북한은 1970년대에는 6개년 인민경제계획 하에 철도 부설과 전철화에 노력했는데, 청년 이천선(이천-세포), 은률선(수교-철광), 덕현선(덕현-남신의주), 구봉산선(평북 덕성-청천강), 남홍선(맹중리-남홍), 덕성선(북청-덕성), 금야선(금야-풍남), 강덕선(남강덕-수성), 부포선(신강령-부포)을 개통하고, 석탄 개발을 위해 안주 탄광선(성남-남동), 천성 탄광선(평남 신창-천성)을 개설했다. 그리고 배천선(해주-배천), 은률선(신천-수교), 장연선(수교-

장연)을 광궤 철도로 바꾸고, 다사도선(용천-다사도), 청년 팔원선(구장-팔원), 운산선(북신현-평북금산)을 복구했다. 제2차 7개년 계획 기간에는 북부 지방 개발에 많은 투자를 했는데, 그중에서 운봉선(자강도 삼강-운봉), 덕성선(덕성-상리)을 개통했다. 그리고 솔금 탄광선, 태항 탄광선, 삼동 탄광선, 개천 탄광선을 개설하여 평안도 지방에 흩어져 있는 탄광 개발에 주력했다. 그리고 서해갑문 개발을 위해 서해 갑문선 공사에 착수했다. 철도의 효율성을 높이기 위해 1970년에는 용반-청진선을 전철화했고, 1971년에는 평라선(청진-나진), 평부선(평양-봉산), 송림선(황주-장전리), 이식동선(이식동-삼정), 만포선(회천-고인), 금골선(여해진-금골), 함북선(반죽-고무산), 무산선(고무산-무산), 무산 광산선(철송-무산광산), 상월선(상월-청진 조차장), 성암선(성암-직하), 성곡선(송곡-직하) 등을 전철화했다. 1978년에는 백두산 청년선(길주-혜산), 평덕선(대동강-신성천)과 안주 탄광선을 전기 철도로 만들었다. 1979년에는 개천선(신안주-개천), 만포선(만포-개천), 평덕선(신상천-장상), 평남선(평양-남포) 등을 전철화했다.

우리나라의 1980년대 교통의 특징은 자동차 교통에 밀려 철도가 사양길에 들어선 것이다. 특히 승객이 철도에서 자동차로 이동하고 화물 수입도 감소하여 경제성이 떨어지는 경전선을 비롯해 수인선(1995년)을 폐쇄했다. 그러나 부분적으로 철도의 이점을 살리기 위해 철도의 전철화 사업을 계속하여, 1986년에는 성북-의정부 간, 1988년에는 금정-안산 간을 개통했다

한편 북한은 1980년에 만포 평북선(정주-청수), 청년 이천선(고원-세포) 등을 전철화했다. 그리고 1982년에는 함북선(고무산-회

령), 황해 청년선(사리원-해주)을 전철화하고, 1984년에는 함북선(나진-두만강), 구봉산선 등을 전철화했다.

### 사철

정부는 늘어나는 교통 수요를 충족시키고 지방 자원을 개발하기 위해 1913년부터 개인에게 철도 부설권을 부여하기 시작했는데 이를 사철이라고 한다. 사철은 대부분 지방의 소규모 자원을 개발하고자 부설한 철도이다

우리나라 최초의 사설 철도는 전북철도주식회사가 부설한 전주-이리선이다. 뒤이어 1916년 개천경철도의 신의주-개천선, 1918년 조선철도주식회사의 경동선, 황해선 등이 개통되었다. 이 밖에 소지역 간의 자원 개발을 위해 생기령 점토주식회사가 경성-생기령선을 개통했다.

1918년에는 경동선(대구-하양-포항)이 개통되었으며, 1920년에는 황해선(사리원-재령), 그리고 1921년에 경동선(울산-경주)이 연장 · 개통되었다. 뒤이어 충북선(조치원-청주), 광주선(송정리-광주)이 개통되었다. 1922년에는 국철과 조선경남철도주식회사와의 연계 운수가 시작되었으며, 1923년에는 사철인 조선중앙, 남조선, 조선산업, 조선산림, 양강척식 등이 통합하여 조선철도주식회사를 설립했다.

관광객 수송을 위해 1924년에는 금강산 철도의 철원-금화 간이 개통되었고, 김천-상주 간 운행이 개시되었으며, 1925년에 경남선(진주-마산)과 천안-안성 간이 개통되어 사철의 활동이 더욱 활발해졌다. 1926년에는 평원선의 공사가 시작되었으며 진해선, 박천

선이 개통되었다. 그리고 1927년에는 철도 사업 12년개발계획을 세워 도문선 외 4개 선의 신설 계획을 수립했고, 동시에 사설 철도의 매수에 착수했다. 뒤이어 사설 철도인 함북선(고무산-신창)과 천안-장호원 간이 개통되었다. 같은 해에 전북철도(이리-전주)가 국유화되었으며, 1928년에는 광주선(송정리-담양)이 국유화되고, 대구-학산선, 경주-울산선을 매수하여 동해중부선으로 개칭했다. 그리고 충북선(조치원-충주)이 개통되었다. 1930년에는 광주-여수선, 사리원-동해주선이 개통되었다. 1931년에는 경전남부선이 국유화되었고, 남포선, 해산선 부설 공사에 착수했으며, 철원-내금강, 천안-장항, 전주-남원, 김천-안동, 수원-여주 간이 개통되었다.

1932년에는 조선철도의 황해선(토성-해주)이 개통되었는데 계속된 개발로 1934년에는 사철의 길이가 1,000km에 달했다. 1936년에는 남조선철도의 광주-여수선이 국유화되었으며, 1937년에는 조선철도 황해선(사리원-동해주)이 개통되었다. 그리고 수인선(수원-인천)이 개통되어 인천과 수원 간의 수산물과 곡물의 교류가 활발해졌다. 1939년에는 중앙철도의 승호리-강릉선이 개통되고, 1940년에는 경북선(김천-안동)이 국유화되었다. 북조선척식회사(고무산-강만산)와 삼척철도의 묵호-도계선이 개통되었고, 석탄개발을 위해 용문탄광선의 어룡-용문선이 개통되었다. 광복 후 모든 사철은 국가가 경영하는 국철로 바뀌었다.

## 철도의 발달과 시간거리

일반적으로 거리는 지역 간에 서로 얼마나 떨어져 있는가를 km로 표시하지만 최근에는 거리를 경제 개념으로 보고 지역 간 이동 시 시간이 얼마나 걸리는가로 표시하는데 이를 시간거리라 한다. 철도 개설로 지역 간의 시간거리가 얼마나 단축되었는가를 보는 것은 지역을 이해하는 데 크게 도움이 된다.

경인 간을 이동할 때 걸어서 간다고 가정하면 경인 간은 실제 거리가 42km이므로 총 소요 시간은 12시간이다. 그러나 말을 타고 간다고 가정하면 6시간 30분이 걸린다. 경인간 철도가 개설되었을 당시 초기의 개설 구간은 제물포-노량진 간으로 총 33km였다. 인천에서 서울을 간다고 가정하면 제물포에서 기차를 타고 노량진까지, 그리고 노량진에서 배로 한강을 건너고, 다시 육로를 통해 서울까지 와야 했다. 이런 경우 총 소요 시간은 2시간가량 걸렸다. 1900년 한강 철교가 건설되면서 소요 시간이 1시간 50분으로 단축되었다.

초기의 철도는 굴곡이 심하고 다리는 가구조로 이루어져 통행이 불편했다. 그리하여 1909년 노선을 재정비하여 거리가 1.6km 줄어듦에 따라 소요 시간이 1시간 23분으로 단축되었다.

초기에는 기차 운임이 비싸고 대일 감정 때문에 기차 이용객이 적었으나 점차 늘어 1924년에는 승객 수가 연 10만 명에 이르러 정부는 경인간 철도 복선화의 필요성을 느끼게 되었다. 그러나 세계 대전의 발발로 모든 행정 기구가 전시 체제로 바뀌어 실효를 거두지 못하자 대신 열차의 운행 횟수를 늘려 1928년에는 운행 횟수를 1일 13회로 늘렸다. 그리고 경부선과의 연결을 위해 속도를 최대로 늘

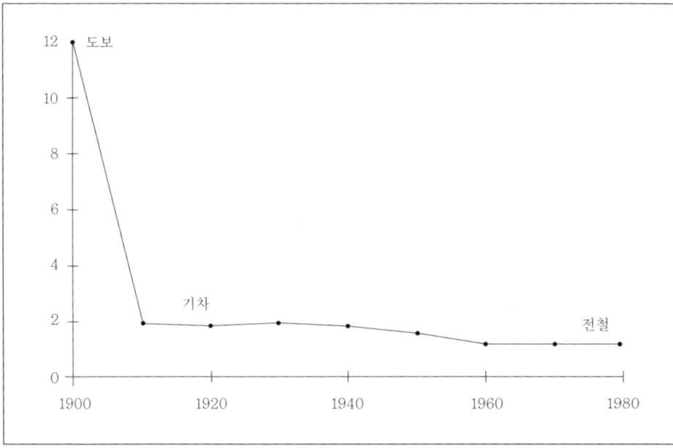


경인 간의 시간거리

려 소요 시간이 1시간으로 단축되었다. 특히 보다 안락하고 빠른 여행을 원하는 승객의 욕구에 부응하기 위해 1932년에는 푸레형 기차를 도입하여 경인 간의 소요 시간이 59분으로 단축되었다.

광복 이후 정치적 혼란과 경제적 불안, 6 · 25전쟁으로 인한 시설 파괴로 경인간 철도는 다시 초기 상태로 돌아갔다. 그러나 1957년에 ICA 원조로 증기 기관차가 디젤 기관차로 바뀌었고, 1965년에는 인천–영등포 간의 복선화 및 노선의 정비로 경인 간의 소요 시간이 55분으로 단축되었다. 또한 정부는 수도권 지역의 인구 분산과 교통난 해소를 위해 수도권 전철 계획을 세워, 1974년 경인 전철을 개통시켰다. 그리하여 경인 간의 소요 시간이 45분으로 단축되었다.

한편 서울–부산 간의 철도 총 길이는 444.5km인데 광복 직전 서울–부산 간은 특급 열차(조선해방자호)로 10시간이 소요되었으나 증기 기관이 디젤 기관으로 전환되면서 소요 시간이 9시간으로 단축되었다. 더욱이 노선의 정비, 시설의 복구 등으로 1957년에는 경부 간의 소요 시간이 7시간으로 단축되었다. 그리고 정부의 모든 정책을 통일에 귀착시키면서 특급 열차도 통일호로 명명했다

1960년대에 들어 정부는 경제개발계획을 실시하면서 교통 기관의 근대화에 중점적으로 투자를 한 결과 경부 간의 소요 시간이 30분 단축되었다. 그리고 정부의 정책을 국가 재건에 맞추다 보니 특급 열차 이름을 재건호로 불렀다. 1969년에는 경부선에 자동 폐쇄 신호 장치(ABS)가 설치되었고, 같은 해에 열차 자동 정지 장치가 설치되어 기차의 고속 운행이 가능해지면서 경부 간의 소요 시간이 4시간 50분으로 단축되었다. 그리고 소득의 증가로 여행 인구가 늘어나자 관광객 유치를 위해 특급 열차 이름을 관광호로 명명했다.

1970년대에는 경제개발계획이 가시적인 효과를 내면서 도농 간의

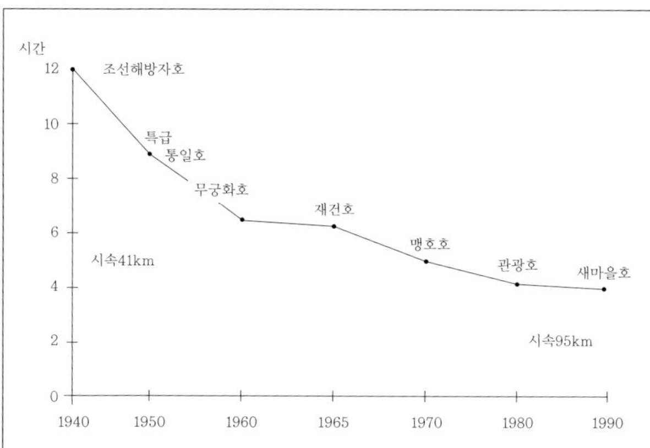


경부 간의 시간거리

소득 격차를 줄이고 농촌의 근대화를 앞당기기 위해 1972년 새마을 운동이라는 정신혁명운동을 벌였는데 이를 기념하기 위해 1974년에 특급 열차 이름을 새마을호로 바꾸었다. 1980년대에 들어서 철도에 대한 기술 투자를 계속하여 1983년에는 소요 시간이 10분 더 단축되었으며 1985년에는 총 소요 시간이 4시간 10분이 되었는데, 이러한 경부간 시간거리의 단축은 지역 간의 교류를 더욱 활발하게 만들었다.

# 참고문헌

### 자료 및 단행본


『고려도경』
『고종다례의궤』
『기사계첩』
『영접도감 사제청의궤』(광해군)
『영조정순후가례도감의궤』
『조선풍속지리대계』
『화성성역의궤』
건설교통부 _ 『건설교통통계연보』, 2004.
건설교통부 _ 『교통통계연보』, 1991.
건설교통부 _ 『한국철도 60년사』, 1958.
경성부 _ 『경성부사』, 1941.
경성전업 _ 『신나는 경성전기』, 1935.
교통신보사 _ 『교통연감』, 1976.
교통신보사 _ 『한국자동차 70년사』, 1975.
김광언 _ 『한국농기구교』, 한국농촌경제연구원, 1986.
김준근 _ 『기산풍속도첩』.
문화공보부 _ 『1997 운반용구 한국민속종합조사보고서』 27집.
문화공보부 _ 『한국의 농기구』, 1969.
신경준 _ 『도로고』.
조선 총독부 _ 『조선토목사업』, 1928.
조선은행 _ 『조선경제연보』, 1948.

철도청 _ 『한국철도사』, 1974.
최영준 _ 『영남대로』, 고려대학교 민족문화연구소, 1990.
한국도로공사 _ 『한국도로사』, 1989.
한국자동차협회 _ 『한국자동차 50년사』, 2005.
한국학중앙연구원 _ 『조선실록』.

## 논문

윤석희, 1991, "우리나라 여객유동과 교통권연구", 『녹우회보』 33 이대 pp.127-179.
이귀연, 1989, "우리나라 자동차의 발달과 확산에 관한 연구", 이화여대 석사논문.
이옥희, 1990, "한국의 도시체계와 여객버스의 유동에 관한 연구", 『이화지리총서』 4.
이은세, 1981, "경인간 지역경관변화연구", 상명여대 석사논문.
이은숙, 1985, "한국의 교통시대 구분과 특성 지역과 환경", 동국대, pp.87-106.
이은숙, 1987, "도시교통과 도시 성장", 이대 박사학위논문.
최운식, 1975, "서울 경인지방의 교통망", 『지리학과 지리학』 5, 서울대 사대 pp.75-84.
최운식, 1986, "서울의 교통 발달과 도시공간변화", 『이대논총』 49, pp.345-362.
최운식, 1989, "교통의 발달과 토지이용", 『지리학과 지리교육』 21, 서울대 사대 pp.1-14.

## 찾아보기

## 최운식

서울대학교 사범대학 졸업

서울대학교 사범대학 대학원 졸업

프랑스 파리-소르본느대학교 졸업 (지리학 및 지역개발학 박사 Ph.D.)

현재 이화여자대학교 사회생활학과 교수


### 저서

『한국의 도시와 촌락 연구』,(공저), 보진제

『산업지리학』, 현암사

『정보화시대의 국토와 환경』(공저), 법문사

『환경 교육의 혁신 방안』(공저), 교육연구사

『한국의 육상 교통』, 이화여자대학교출판부

『미래사회와 환경』, 한울

『Modern Korea』(공저), KEDI

### 역서

『인문지리학의 원리』, 교학연구사

이화여자대학교출판부 기획 시리즈

## ‘우리 문화의 뿌리를 찾아서’

1. 한국사 입문 신형식 지음
2. 전통 한복의 멋-노리개 이경자 지음
3. 한국의 지붕 · 선 임석재 지음
4. 한국의 창 · 문 임석재 지음
5. 한국의 돌 · 담 · 길 임석재 지음
6. 한국의 전통 공간 임석재 지음
7. 한국의 꽃살 · 기둥 · 누각 임석재 지음
8. 우리춤 김말복 지음
9. 한국 고전여성작가의 시세계 이혜순 지음
10. 한국의 탈춤 조동일 지음
11. 한국의 전통 교육 최완기 지음
12. 한국의 풍속 : 민간 신앙 최준식 지음
13. 한국의 전통 사회 : 화폐 원유한 지음
14. 한국의 전통 공예 : 도기 나선화 지음
15. 한국의 전통 선박 – 한선(韓船) 최완기 지음
16. 한국의 여행 문학 김태준 지음
17. 한국의 전통 사회 : 시장 정승모 지음
18. 한국의 전통 공예 : 소반 배만실 지음
19. 조선 상류 주택의 내부 공간과 가구 최상헌 지음
20. 한국의 전통 사회 : 운송 기구 최운식 지음

### 근간

한국의 종교 : 불교 최준식 지음

한국의 전통 무예 : 18기 최복규 지음

한국의 전통 과학 : 천문학 박창범 지음

한국의 전통 사회 운송 기구

**펴낸날** 1판 1쇄 2007년 2월 28일 _ **지은이** 최운식 _ **펴낸이** 최민숙 _ **펴낸곳** 이화여자대학교출판부
**주소** 서울특별시 서대문구 대현동 11-1 (120-750) _ **등록** 1954년 7월 6일 제9-61호
**전화** 02-3277-2965, 2966(편집부) 02-3277-3164, 362-6076(영업부) _ **팩스** 02-312-4312
**e-mail** press@ewha.ac.kr _ **인터넷서점** http://www.ewhapress.com
**편집 책임** 정경임 _ **편집** 이혜지 · 김미정 _ **디자인** GNA Communications _ **찍은곳** (주)문성원색

값 12,000원 
ISBN 978-89-7300-728-8 04300
ISBN 978-89-7300-602-9 (세트)

* 잘못된 책은 바꾸어 드립니다.